MEB

*Bodas que fueron famosas
del Pingajo y la Fandanga*

Flor de Otoño

Letras Hispánicas

José María Rodríguez Méndez

Bodas que fueron famosas del Pingajo y la Fandanga

Flor de Otoño

Edición
de
José Martín Recuerda

EDICIONES CÁTEDRA, S. A. Madrid

Ilustración de la cubierta: *La carga* (detalle), Ramón Casas

© José María Rodríguez Méndez

Ediciones Cátedra, S. A., 1979
Don Ramón de la Cruz, 67. Madrid-1

Depósito legal: M. 22.445 - 1979

ISBN: 84-376-0189-4

Printed in Spain

Impreso en VELOGRAF,
Tracia, 17. Madrid-17

Papel: Torras Hostench, S. A.

Índice

Índice

Introducción

Introducción a la lectura de dos obras de
José María Rodríguez Méndez

Creo que no hace falta tener que recurrir a métodos estructuralistas genéticos de un Lucien Goldmann y sus seguidores [1] para leer con claridad la obra de un hombre de teatro. Basta leer con detención y cariño las obras del dramaturgo en cuestión para darse cuenta que desde la envoltura político-económica-social de su época, hasta la creación del título de la obra van a tener un significado especial dentro del mundo de la creación, y, más aún, si en el dramaturgo se da el marchamo de ser poeta dramático, cosa poco frecuente. Sin poeta dramático no hay dramaturgo. Este es el misterioso secreto de la eternidad de Shakespeare que un especialista como Jan Kott nos sabe aclarar en sus estudios sobre el gran poeta y dramaturgo isabelino [2]. Siguiendo esta raíz del misterio poético en la creación de cualquier poeta dramático podríamos encontrar la profunda convicción de Antonin Artaud, quien nos dice: «No creemos, ya no creemos, que haya en el mundo algo a lo que se pueda llamar teatro, no vemos a qué realidad alude semejante denominación» [3]. Por estas razones creemos con Artaud

---

[1] Lucien Goldmann, *Structures mentales et création culturelle*, París, Editions Anthropos, 1970.

[2] Jan Kott, *Apuntes sobre Shakespeare*, Seix Barral, Barcelona, 1969.

[3] Antonin Artaud, «Manifeste pour un théâtre avorté», pu-

que el dramaturgo y el hecho teatral de su texto nos llevarían a caminos profundamente poéticos y renovadores que creo están muy por encima del materialismo estructuralista. El hecho dramático, pues, o el lenguaje dramático, está formado por profundos signos poéticos, signos que al ser estructurados se desmaterializarían irremediablemente. ¿Hasta qué límite se puede estructurar o materializar la poesía? Quizá esta paradoja sea chocante para el estructuralista. Para investigar en la poesía dramática hay que seguir hoy día otras andaduras. Lo cierto es que a la obra de arte viviente —y no muerta— hay que acercarse con amor, raciocinio, objetividad, sin llevar un plan de bagaje adquirido y escalonado. Someter nuestros juicios críticos a los cánones de otros, me parece anular nuestra personalidad y perder el tiempo. Para interesar al lector en las dos obras de Rodríguez Méndez tituladas *Bodas que fueron famosas del Pingajo y la Fandanga* y *Flor de Otoño* he ordenado mi plan expositivo de la forma que a continuación se verá. Pero antes, rogaría al lector que tuviera la mayor objetividad para encontrar la dramaturgia de Rodríguez Méndez enraizada en un pasado. Este pasado son los años 1965 y 1972. Época de la dictadura de Franco. Años en que fueron escritas ambas obras. Así se podría obtener la pregunta siguiente: si la lectura de dos obras escritas en un pasado, puede reflejar un presente y proyectarse hacia un futuro.

Pienso, en primer lugar, que ambas obras, dedicada la una a denunciar al gobierno de la Restauración española y la otra a la dictadura del general Primo de Rivera —como se verá en el análisis y lectura de las mismas—, claman por la libertad y regeneración de una España deshecha en los años del Desastre (1898) y en el año final de la dictadura de Primo de Rivera (1930); libertad y regeneración de una España deshecha equivalente también a la España de Franco y, si se nos apura

blicado en los *Cahiers du Sud* en febrero de 1927. Tomado de la obra de J. Durozoi, *Artaud: la enajenación y la locura,* Madrid, Guadarrama, 1975, pág. 135.

un poco, a la España democrática del año 1979, que nos parece aún estancada en principios franquistas en cuanto al gobierno que representa al poder, al menos cuando escribo estas líneas. Será así de lento el paso de todo proceso político evolutivo. La lectura de esta dramaturgia, entendida a la manera española, ¿podría hoy, proyectarse hacia un futuro? ¿Habrán sido superados los problemas que esta dramaturgia plantea en la España de 1979? ¿Cómo hacer esta lectura ante los públicos de hoy? ¿Y cómo aconsejar leer estos textos? ¿Los asimilará el público de nuestros días porque, en realidad, los necesita? ¿Estarán superados ante la revolución transformista de las conciencias actuales españolas? Pienso que quizá pueda haber una estrecha relación entre la España de la Restauración, pasando por la de Franco y llegando a la de nuestros días. Veremos.

Estas son mis dudas y mis preguntas, por eso rogaría objetividad al lector y al realizador que en un espacio y en un tiempo indefinido, tengan a bien leer y realizar la dramaturgia de Rodríguez Méndez y, con esta petición, ruego a su vez lo que considero primordial: que la obra dramática de Rodríguez Méndez hay que verla dentro de una estética española como principio general, tratando de buscar las peculiaridades características del autor. Un equipo inteligente, proceda de donde proceda, para leer o representar las obras de Rodríguez Méndez, tendría que plantearse, muy en primer lugar, qué ha pasado y está pasando en la España en que vive nuestro autor, y las raíces de esta España proyectadas hacia un pasado y un futuro. En los escenarios de las sociedades en transición o en crisis como la nuestra, suelen recurrir los hombres de teatro a mimetismos encontrados en las estéticas de «antes», así es que cuando llega este «antes» a nosotros, a nuestros días de dinámicas transformaciones, resulta que el hecho teatral no queda reelaborado con modernidad, sino con profunda vejez. Todo es debido a un problema que no ven nuestros hombres de teatro: que la dramaturgia del autor español tiene que surgir del lenguaje dramático de donde arranca, o sea, de España, y más, si las obras son de tan marcado sello español como las de José María Rodríguez Méndez.

Pasemos a la exposición enunciada, para encontrar las huellas a seguir en esta lectura dramática, citando, en primer lugar, un juicio aclaratorio del mismo Rodríguez Méndez:

> Creo haber intentado justificar el porqué escribo teatro (entiendo por teatro situaciones dramáticas dialogadas). Y además con la agravante de que quiere ser un teatro popular. Lo que quisiera es seguir haciendo lo que hago, pero mucho mejor. Quisiera que cada conclusión lógica susceptible de desprenderse de mi obra, fuera un bofetón tan rotundo que extirpara los dientes de muchos sinvergüenzas. Desgraciadamente, mi agresividad es corta. Desde *Vagones de madera* a *Los quinquis de Madrid* he querido gritar. Y me han tapado la boca una y otra vez. Por eso quiero gritar cada vez mejor, con más fuerza, aunque no se me oiga [4].

Así se expresa José María Rodríguez Méndez para justificar su postura ante la vida y el teatro. ¿Qué ha podido suceder en la vida y en el teatro de este hombre? No hay duda: —y esto lo afirma todo investigador— habría que analizar el país y la época en que el autor vivió y, más aún, habría que analizar la vida del artista en función de su propio mundo, no ya el mundo o ambiente socio-político, o histórico-literario circundante, sino el mundo que todo artista se hace para poder ir viviendo en el mundo real, mundo que suele asfixiarle casi siempre. Pienso que el artista —por lo general— es un hombre inadaptado; un hombre que se rebela contra todo el panorama que le ha tocado vivir, y más aún, si este panorama está sometido a una falta de libertad u opresiones, dentro de una dictadura o una democracia, que rebelarían no sólo al artista, sino a cualquier ser humano por muy pobres que sean sus necesidades vitales. «Des-

---

[4] J. M. Rodríguez Méndez, *El teatro de Rodríguez Méndez*, Madrid, Taurus, Colección «Primer-Acto», núm. 8, págs. 17-18, 1968.

de que tuve siete años de edad, comprendí que tenía que hacerme un mundo propio para poder vivir»[5]. Sin este mundo propio es muy difícil que un artista llegue a tener verdadera autenticidad. Por todas estas razones intentaremos dar una semblanza del hombre Rodríguez Méndez, el mundo real y socio-político en que vivió y su concepto de la realidad. Todo esto en primer lugar. Después pasaremos al estudio de las constantes de la dramaturgia de Rodríguez Méndez y a esos caminos truncados en busca de la libertad en la España de Franco que representan las dos obras incluidas en este texto. Terminaremos con la clasificación de las obras de Rodríguez Méndez, su sínte sis cronológica y con la profunda pregunta de cuál será ahora, en nuestros días, el camino que seguirá el autor.

SEMBLANZA

José María Rodríguez Méndez tiene un carácter huraño a primera vista. Hombre solitario y callado. Tiene andares decididos y enérgicos. Tiene muy pocos amigos. A muy pocos, que yo sepa, les hace partícipes de su estimación y confianza. Nació en la calle de la Ruda, de Madrid. Por vicisitudes de la vida se fue, más tarde, a vivir a Barcelona. Caminó por las calles de Barcelona casi siempre con prisa, con cierta decisión, con aire de charnego desconfiado. Este carácter huraño, que a veces resulta hasta déspota, plantista, al parecer de gran frialdad y razonamiento, al escarbar en él, nos encontramos con una especie de niño inocente, de profunda bondad y preocupación por aquellos que estima y quiere. Tiene una de las más vastas culturas que yo conozco entre los hombres de teatro de nuestro tiempo. Es enemigo de salones y de tertulias literarias. Enemigo de figurar. Se licenció en Derecho en la Universidad de Zaragoza. Antes se había matriculado en la Universidad de Barcelona,

---

[5] Manuel Gómez Ortiz, «Antonio Gala o la soledad vulnerable», en *Temas,* Madrid, 1974. Entrevista hecha por Manuel Gómez Ortiz.

15

pero se desencantó y se matriculó en la de Zaragoza. Junto a la personalidad de jurista —carrera que no ejerció nunca—, hay que destacar la personalidad de escritor, periodista, ensayista, dramaturgo y militar. Fue teniente de complemento en el Regimiento de Infantería de Melilla, 52. Más tarde comandante accidental de las Islas Chafarinas, destinado, entonces, en la Legión. Fue viajero, no sólo por toda España —a la que conoce sorprendentemente—, sino por varios países del mundo: Francia, Argentina, África, etc. En los últimos meses del año 1978 se fue a vivir a Barco de Ávila, pueblo de la provincia de Ávila. Se fue a vivir allí porque dice que de tanto oír hablar en catalán, se le estaba olvidando el castellano. En una casita, muy humilde, del citado pueblo, está viviendo en la actualidad.

EL MUNDO REAL DEL AUTOR

Como intento hacer la lectura de las obras teniendo en cuenta un estudio socio-político del pasado y del presente, creo muy necesario saber cuál es el mundo real que el autor ha vivido:

José María Rodríguez Méndez nació el año 1925, cuando reinaba en España el rey Alfonso XIII, en estrecha unión con la dictadura del general Primo de Rivera, dictadura que duró, como sabemos, desde 1923 a 1930. En la fecha de nacimiento de Rodríguez Méndez muere Pablo Iglesias, fundador, años atrás, del Partido Socialista Español, sucediéndole, dentro de ese mismo año, al frente de este partido, Francisco Largo Caballero. La política que seguía Alfonso XIII era la misma que la de la Restauración. Sobre este periodo, tan importante para la obra de Rodríguez Méndez, ya que va a convertirse, por sus grandes ataques a la Restauración, en una de las constantes fundamentales de su teatro, José Monleón nos dice:

> La Restauración fue una reducción o aggiornamento, de nuestro pensamiento conservador. Para seguir como hasta entonces y cortar el paso a las revisiones políticas presen-

tes y a las convulsiones sociales futuras, la burguesía española, con gesto del general Martínez Campos y pensamiento de Cánovas, levantó un vasto programa conocido por la Restauración. Conservadores y liberales debían canalizar las soluciones a los problemas de España. Los nuevos movimientos obreros eran desplazados del juego político y, en cierto modo, situados fuera de la ley. Y si se aprobaban leyes como la del sufragio universal, la práctica caciquil, la situación real de la sociedad española, se encargaban de neutralizar ampliamente sus posibles consecuencias. No es accidental que la Restauración hubiese de recurrir finalmente a la dictadura de Primo de Rivera. La generación del 98 tuvo una clarísima conciencia de las contradicciones del programa restaurador. La novela de Baroja, la poesía de Machado y el esperpento de Valle son, antes que nada, la particular expresión de unos hombres que se sienten *sin pueblo,* solitarios, amargados por la distancia que separa nuestra dura realidad de la bien pensante música de tanto discurso [6].

Bajo este punto de vista Rodríguez Méndez enlaza con los escritores del 98. También Rodríguez Méndez es un hombre que se siente «sin pueblo» y, al mismo tiempo, muy dentro de él. Paradoja importante de donde va a surgir otra de las constantes de su teatro: el destacar, sobre todo, con ternura y amor, la inocencia de un pueblo que parece que jamás tuvo gobernantes que velaran por su destino. La tragedia que el pueblo español ha padecido y padece, la gran culpabilidad, parece tener las raíces, según Rodríguez Méndez, en la época de la Restauración. No nos cabe duda que esta tragedia se ha ido acentuando conforme los tiempos avanzaron. El confusionismo y el caos político actual, unidos a una crisis económica como la que padecemos en este año 1979, son las causas más acusadoras de esta tragedia. La dictadura del general Franco, con su lucha de fuerzas oponentes, tales como Falange, Opus Dei y Monarquía, sumadas a la revuetla de partidos políticos que dominan la España

---

[6] José Monleón, en *Teatro de Rodríguez Méndez,* Madrid, Taurus, 1968, págs. 25-26.

de nuestros días, han hecho que, en verdad, no sepamos cuáles van a ser los destinos de la nación en que vivimos.

Lo cierto es que Rodríguez Méndez ha podido ver varias etapas socio-políticas durante los años de su existencia. Etapas que le han llenado de turbias inquietudes, desesperanzas y dudas. Así, pues, junto a la Monarquía y Dictadura de Primo de Rivera, que Rodríguez Méndez vivió en su niñez, con los problemas que todo ello acarreaba y que al niño Rodríguez Méndez le podrían contar sus padres, familiares o amigos, tales como la guerra colonial de Marruecos, el separatismo vasco y catalán, la lucha de partidos socialistas y anarquistas, o de la burguesía y proletariado, todo ello, podría haber quedado en la conciencia del niño de la década de los 30. A esto hay que añadir la entrada de la Segunda República, el 14 de abril de 1931, con sus júbilos y esperanzas baldías, con la lucha de partidos políticos, encabezados por la U.G.T. y la C.N.T., más las izquierdas y derechas republicanas, los partidos monárquicos y tradicionalistas y los llamados partidos y grupos autoritarios. Estos partidos autoritarios se van a ver reflejados, con un sabio y sentido humor grotesco, en algunas obras de Rodríguez Méndez. De los años que duró la Segunda República, quedaron huellas bastante bien reseñadas, con todas sus luchas de partidos políticos, como se puede ver en una de sus obras más importantes: *Historia de unos cuantos.*

Por último, los años de la guerra civil española y de la posguerra, donde Rodríguez Méndez no sólo va a tomar parte activa, sino que van a quedar profundamente marcadas las huellas de esta posguerra, al igual que en todo intelectual y artista que siga «sin pueblo», y al seguir «sin pueblo», también seguirá «sin público» a quien poder comunicar todo el desastre que ese pueblo sufre. Y mientras, transcurren los acontecimientos socio-políticos de las décadas del 60 y 70, tales como la Ley de Prensa de 1966, promulgada por Manuel Fraga Iribarne, donde se suprime la censura previa que «acarrea secuestros, denuncias, querellas criminales, expedientes administrativos y multas» [7], donde se producen acontecimientos tan escabrosos como el caso «Matesa» y el caso del aceite de Redondela, junto a estados de excepción, o la libertad religiosa promulgada por el Concilio Vaticano II, surgiendo la nueva Iglesia y pronunciamientos del Papa Pablo VI, el clero participa en conflictos sociales y civiles [8]. «Y mientras los intentos del separatismo vasco, simbolizados en el terrorismo de la E.T.A., siguen en continua y abierta guerra con los principios del general Franco (como con los de la democracia actual, añadiría yo), dando lugar a episodios tan importantes, en la historia de estas décadas, como «el proceso de Burgos» y se nombra al príncipe Juan Carlos de Borbón sucesor de Franco, a título de rey» [9]. José María Rodríguez Méndez continúa escribiendo su teatro, indagando en las razones que unos y otros puedan tener, a veces, yéndose directamente a la realidad española, y otras, utilizando la Historia de España pasada, como móvil para explicarse la Historia presente, enviando manifiestos a sus amigos; manifiestos donde nos hace ver —lo que bien sabemos— el cruel engaño que se padece.

Para terminar diremos que el año 1965 en «Las conversaciones nacionales de teatro» desarrolladas en Córdoba, a las que fue Rodríguez Méndez, interviniendo con la siguiente ponencia: «El teatro como expresión social y cultural» [10], se afirmó la necesidad de que «el teatro representado en y para España, posea un carácter testimonial de la realidad y se inscriba en sus procesos de transformación» [11]. Este es el concepto del «realismo» que tiene nuestro autor. Un realismo, como vemos, en

---

[7] Manuel Fernández Areal, *La libertad de prensa española*, Madrid, Edicusa, 1971, pág. 110.

[8] José María González Ruiz, en *Mundo Social,* núm. 15, Madrid, febrero 1970, pág. 80.

[9] Ramón Tamames, *Historia de España Alfaguara. VII,* «La República. La era de Franco», Madrid, Alianza-Alfaguara, 1974, página 525.

[10] Teatro de Rodríguez Méndez, *op. cit.,* págs. 85-100.

[11] Revista *Primer Acto,* núm. 69, 1965, pág. 24.

continua transformación de acuerdo no sólo con los fenómenos dramatúrgicos del mundo occidental, sino también con la realidad de los fenómenos sociológicos que exige la esfervescente y dinámica evolución de la vida de nuestro país. Bajo este punto de vista, todo el sentido y la línea evolutiva de la obra dramática de Rodríguez Méndez, están de acuerdo con los conceptos sociológicos de Duvignaud expuestos en el libro titulado *Sociología del teatro* [12], donde magistralmente nos aclara que el teatro es una revolución permanente que intenta llevar al hombre al dominio de su plena libertad.

CONSTANTES DE LA DRAMATURGIA DE RODRÍGUEZ MÉNDEZ

Ya hemos apuntado dos constantes primordiales; pero un teatro tan rico de expresividades dramáticas, nos conduce, en el estudio de su evolución total a encontrar constantes o signos dramáticos de un lujo desusado en el teatro español de nuestros días. Estas constantes que aparecen en casi toda la producción dramática de nuestro autor, se dan con mayor fuerza en las dos obras que vamos a leer: *Bodas que fueron famosas del Pingajo y la Fandanga* y *Flor de Otoño*. Intentemos hacer una enumeración de ellas, que fácilmente podrá comprobar el lector; pero antes queremos aclarar que en la dramaturgia de Rodríguez Méndez se pueden observar dos etapas en su línea evolutiva; etapas marcadas por el estilo y por el lenguaje. Estas dos etapas no se dan de un modo brusco, o mejor, no tienen un límite determinado, sino que el sentido estilístico (riquísimo en la segunda etapa) **irá** apareciendo gradualmente en la primera. Creemos que la segunda etapa del teatro de Rodríguez Méndez aparece en el año 1965. La marca *Bodas que fueron famosas del Pingajo y la Fandanga*. Las constantes que encontramos son:

---

[12] J. Duvignaud, *Sociologie du Teátre*, VI parte, París, P.U.F., 1965, traducción, Fondo de Cultura de México.

1.ª Denunciar y protestar ante la realidad inmediata actual o la realidad histórica de la época de la Restauración con los problemas que esta época trajo. Esta protesta y denuncia nos llevará a un proceso crítico de los más acuciantes problemas españoles. En cualquier obra fundamental estrenada o inédita de Rodríguez Méndez podemos ver esta constante.

2.ª Un realismo hispánico-popular enraizado en un sentido hondamente poético, perteneciente a las más ricas corrientes de expresividad y fórmulas dramáticas españolas con hallazgos bien asimilados de técnicas del moderno teatro occidental.

3.ª Un rechazo a ideas y estructuras dramáticas extranjeras, sobre todo, en sus obras fundamentales, antes y después de la evolución que ya hemos marcado con la obra *Bodas que fueron famosas del Pingajo y la Fandanga*. Si hay coincidencias con ideas y fórmulas extranjeras, sobre todo en la primera parte de su obra dramática, se deben a una influencia indirecta que acusa el autor: falta de experiencia en la creación dramática, y, por tanto, se da en Rodríguez Méndez, lo que es natural, la asimilación inconsciente de ideas, fórmulas y ambientes dramáticos de la época, teniendo en cuenta que el panorama teatral español era tan deficiente, que el dramaturgo que empezaba no tenía más remedio que conocer y admirar las corrientes dramáticas extranjeras. Pero nunca se da en el autor una asimilación consciente de estas ideas y fórmulas dramáticas foráneas.

4.ª Una limitación del concepto naturalista, ya que en sus obras de marcado carácter naturalista, hay casi siempre un aliento poético que saca a los personajes de toda frialdad naturalista, suavizando los instintos primarios de éstos por una justificada actitud humana y poética.

5.ª   Una limitación del concepto del sainete. La crítica contemporánea ha solido ver las obras de Rodríguez Méndez incluidas, en su mayor parte, dentro del naturalismo y del sainete dramático o trágico. Sainete dramático o trágico que, en Carlos Arniches —en su segunda época— se llamó tragedia grotesca. Sainete dramático que en Antonio Buero Vallejo tomó un carácter trascendente de la existencia humana, con marcadas reminiscencias unamunianas. Antonio Buero siguió la tradición arnichesca, al igual que afirma la crítica al analizar las obras de Rodríguez Méndez. La limitación del concepto de sainete consiste en que partiendo de elementos populares que pueden estar dentro de la tradición del sainete, derivan a conceptos trascendentes de la existencia o a crónicas testimoniales de nuestro tiempo, siempre con afán de denunciar y protestar ante las situaciones socio-políticas que el dramaturgo vive. Aunque Rodríguez Méndez intente reelaborar el sainete en un sentido caricaturesco como en *El círculo de tiza de Cartagena,* o en su sentido grotesco-arnichesco como en *La Andalucía de los Quintero* e incluso en *Historia de unos cuantos,* nunca pierde ese sentido de denunciar y protestar ante las realidades que el autor vive. Por tanto, los materiales recogidos del sainete por Rodríguez Méndez, sólo son un elemento más de su dramaturgia.

6.ª   Una limitación de la influencia de Valle Inclán. Será primero José Monleón quien hable de la influencia vallinclanesca de Rodríguez Méndez, a partir de *El círculo de tiza de Cartagena* [13]. Esta influencia, según Monleón y algún crítico posterior [14], volverá a aparecer en *Bodas que fueron famosas del Pingajo y la Fandanga,* aunque para este admirado crítico, Fernando Lázaro Carreter, sólo «hay toques vallinclanescos».

---

[13] José Monleón, *Teatro de Rodríguez Méndez, op. cit.,* páginas 41-44.
[14] Fernando Lázaro Carrater, en *Gaceta Ilustrada,* Madrid, septiembre 1973.

Estamos conformes en que estas influencias se dan más en la segunda obra que en la primera, sobre todo en las acotaciones de tipo descriptivo. Aunque en la primera obra citada la influencia vallinclanesca forma parte de una serie de materiales dramáticos para crear un juego «con personas y cosas sagradas sin mayor finalidad» [15].

En *Bodas que fueron famosas del Pingajo y la Fandanga,* junto a la limitada influencia de Valle Inclán, surge la influencia del Género Chico. En la trayectoria dramática posterior a *Bodas...,* al igual que pasó con la inconsciente influencia del teatro extranjero en la etapa que va desde 1953-1965, se va separando de la influencia de Valle Inclán para derivar hacia dos caminos: el Género Chico, proyectado históricamente con un sentido sociopolítico, y la crónica testimonial de tipo periodístico, cuyo germen estaba implícito en *La batalla del Verdún* (1961) y que obtiene su mayor desarrollo en *Los quinquis de Madriz* (1967) y en obras posteriores.

7.ª Una limitación del camino emprendido por Antonio Buero Vallejo. Buero nació el año 1916. Rodríguez Méndez en 1925. En la conciencia de todo dramaturgo que vivió la guerra civil y posguerra, estaba el hecho de abrir proceso a la realidad crítica de la situación española, ya a través de un análisis inmediato, o un análisis histórico retrospectivo. Todos, o casi todos los dramaturgos de esta generación han seguido este proceso. Aun siguiendo el camino emprendido por Buero, Rodríguez Méndez se aparta para ser más violento e incisivo, más valiente en su ataque y denuncia a la realidad crítica española. Buero da sus principales ideas con clave. Rodríguez Méndez las da al descubierto. No emplea el símbolo, salvo rara excepción, como al final de *Bodas...,* donde unas comadres, que presencian el fusilamiento del Pingajo, lo envuelven después de fusilado, en una bandera española rota,

---

[15] Carmen Barberá, en el diario *La Prensa,* Barcelona, 14 de mayo de 1964.

símbolo de rebelión de una España deshecha. El teatro de Rodríguez Méndez arroja, pues, violentamente, las desgarradoras denuncias que encierra. Quizá sea ésta una de las causas de las muchas prohibiciones que en España ha sufrido su teatro.

Por otra parte, el lenguaje de Rodríguez Méndez, a partir de la evolución señalada nada tiene que ver con el lenguaje lacónico, cerebral y razonador de Buero, que escoge las palabras para colocarlas en su momento justo. En cuanto a los temas, Buero los encubre con unas estructuras muy ordenadas. A los temas de Rodríguez Méndez les falta ordenación y estructura, pero están dados con más vitalidad y fuerza, más directos, más violentos. Respecto a que ambos arranquen del sainete tradicional, dándole un sentido trascendente y trágico de la existencia, mientras en Buero no hay evolución en este punto de partida —me estoy refiriendo a los temas de Buero centrados exclusivamente en el sainete trágico—, en Rodríguez Méndez se da la evolución citada hacia la crónica testimonial periodística.

8.ª Unos antecedentes literarios que enraizan con la mejor tradición popular realista española. Rodríguez nos confiesa cuáles fueron sus primeras lecturas: Cervantes, Tirso de Molina, Lope de Vega, Moreto, Calderón, Lope de Rueda, Gil Vicente, Fernando de Rojas, o sea, los clásicos españoles. En sus artículos y ensayos nos muestra la admiración por don Ramón de la Cruz y los autores del Género Chico. Esta admiración surgió en los años 50, aunque estaba latente desde su niñez el ambiente que estos autores vivieron, pero fue en los años citados cuando empieza a leerlos seriamente. Junto a los autores del Género Chico, se da la admiración por Antonio Machado, hasta el punto de basar algunas de sus obras en el pensamiento de este poeta, como «El vano ayer», título que recoge el comienzo de un poema machadiano. «El vano ayer», para Rodríguez Méndez, es la época de la Restauración. También es un buen conocedor y admirador de don Benito Pérez Galdós. De las grandes novelas de Galdós y de la Historia árida de Vicéns Vives recogió los temas de sus obras para el ciclo de la Restauración. El constante aludir en sus ensayos y artículos a los escritores del 98, revela un gran conocimiento de ellos.

9.ª Un conocimiento vivido de la geografía española y un conocimiento preciso de la Historia de España. Este conocimiento de la tierra española, de sus tipos y costumbres, de sus dialectos, de su historia y geografía, se encuentra con frecuencia en casi todas sus obras. Lo mismo cita a la Torre de Hércules de La Coruña (*Spanish News*, 1974), que a Bujalance (*La mano negra*, 1965), al barrio de Palomeras de Madrid (*Los quinquis de Madriz*, 1967), o al barrio de Los Remedios de Sevilla (*Spanish News*). En cualquiera de sus obras nos encontramos con la localidad española que menos podamos imaginar, con el recuerdo siempre de lo vivido. Lo mismo ocurre con las alusiones de tipo histórico o humano, ya con el recuerdo de lo vivido, o con el dato histórico preciso.

10.ª Su vida militar y jurídica dan también una gran riqueza de tipos de militares y juristas, con experiencia de lo vivido. Como ya hemos dicho, Rodríguez Méndez hizo las prácticas de alférez de complemento de la Milicia Universitaria en Cádiz. Allí se puso en contacto con los poetas que escribían en la revista *Platero* (1951), donde conoció a Antonio Gala. Empezaron entonces sus experiencias militares.

Después de su regreso de la Argentina, se vio obligado a sentar plaza en el Ejército. Ya hemos citado como estuvo de teniente de complemento en Valladolid (1956) y en Melilla (1957). Intervino en el conflicto bélico de Sidi-Ifni y en varios consejos de guerra militares. No es extraño que en casi todas sus obras se refleje la experiencia de la vida militar y de sus tipos. Ya en su obra *Vagones de madera* (1958) aparece el tipo del cabo, irritante, crispado ante una guerra que no termina, deshumanizado, predisponiendo a los soldados a la ira, al odio y a la matanza del enemigo. Esta clase de tipo militar se va a ir repitiendo en el avance de las obras de Rodríguez Méndez, cada vez mejor perfilado, utilizando un lenguaje propio, donde abunda el barbarismo, el argot cuartelero y la frase cortada y apocopada. En casi todos estos tipos militares encontraremos alienación y hasta cierto retraso mental. Lo que digo lo observamos en el personaje del teniente en *Bodas...* y en el teniente de *Flor de Otoño* (1972), así como en el húsar de *Historia de unos cuantos* (1971), en el sargento de la Guardia Civil de *La mano negra,* o en el legionario de *La batalla del Verdún.* A veces se prodigan las alusiones a la vida militar, como en el personaje de «El Trueno» de *Los quinquis de Madriz,* que acaba de terminar el servicio militar, lo mismo que «El Tralla» de *La vendimia de Francia* (1961), «El Andrés» y «El Ángel» de *La batalla del Verdún.* O encontramos otros matices dentro de la alienación: el del general Villacampa, cazurro y cuartelero, que más sabe por experiencias que por libros, o el general Astarloa, rebelde y contestatario de la Restauración, pero esfumado y hundido, ambos personajes de «El vano ayer». Junto a las experiencias de la vida militar se dan, como hemos dicho, las experiencias de tipo jurídico, en las obras *Flor de Otoño, Los quinquis de Madriz* o *Los inocentes de la Moncloa.*

11.ª Un deseo de destacar las virtudes en los personajes populares fundamentales. Rodríguez Méndez describe al pueblo español con sus vicios y virtudes, pero hay un deseo latente de que la visión última que se lleve el espectador o el lector de su obra, sea la que ofrecen las virtudes de estos personajes, que necesitan confraternizar con los demás, destacándose así un concepto galdosiano de la existencia. Una buena parte de los personajes de Rodríguez Méndez no ambicionan, suelen conformarse con muy poco, aunque también se da el personaje que no se conforma con lo poco que puede lograr en la vida. Como ejemplo de lo primero tenemos a «El Ángel» de *La batalla del Verdún;* como ejemplo de los segundos tenemos a «Manuel Contreras» de *El ghetto o la irresistible ascensión de Manuel Contreras* (1964). Abundan los seres marginados, y quizá por esta razón los más conmovedores personajes de Rodríguez Méndez no sean ambiciosos, sabiendo que aunque luchen, no podrán alcanzar más logros que los que humildemente les da la vida. Hay en ellos un deseo de confraternizar con los demás. La virtud de la confraternización, aunque frustrada, la encontramos desde la primera obra estrenada: *Vagones de madera,* en aquellos soldados que al abrir la puerta del vagón, después de su largo y torturado viaje, ven el mar por primera vez, o en la bondad de la Mari Pepa de *Historia de unos cuantos,* intentando perdonar todo el daño que le hicieron, o en el Pingajo de *Bodas...* en el Parque del Retiro sin poder ofrecer a la Fandanga como víctima del teniente del Pingajo.

12.ª El humor trágico. Ninguna obra de Rodríguez Méndez está escrita con sequedad dramática. Desde el comienzo salpica las situaciones con un chispeante humor que brota de la situación trágica, a veces, de la expresión verbal. Seguimos creyendo con Henri Bergson que el tratado de lo cómico es un problema muy «sutil» «que dio mucho que pensar a los grandes filósofos a partir de Aristóteles» [16]. Este humor trágico irá madurando a través de la evolución del autor, hasta lograr una plenitud que enlaza con el mejor humor de nuestra tradición dramática. Este humor trágico se da tanto en la expresión verbal como en las imágenes dramáticas, a veces en las situaciones, otras

---

[16] Henri Bergson, *La risa,* Buenos Aires, Losada, 1945, páginas 111-112.

en los caracteres y, por último, en la acción sin palabras, de claro sentido jarryniano o chaplinesco.

EL LENGUAJE DE RODRÍGUEZ MÉNDEZ

Lo consideramos de capital importancia porque de él hay que partir para «leer» su dramaturgia, ya sea en el texto o en el escenario. En las 17 obras escritas hasta la fecha por Rodríguez Méndez —unas estrenadas o publicadas y otras inéditas, que citaremos al final de este estudio—, creemos que existe una clara evolución en el lenguaje. Esta evolución, para mí, tiene tres etapas:

Etapa primera: años 1953-1965.
Etapa segunda: años 1965-1972.
Etapa tercera: años 1972-1979.

Como todo fenómeno evolutivo lingüístico creemos que no se da de una manera brusca y limitada, sino que la evolución de una etapa a otra va produciéndose gradualmente. Es decir, podemos encontrar voces o giros expresivos de la etapa primera en la segunda o tercera y viceversa. Lo que sí es cierto es que el lenguaje de Rodríguez Méndez se va enriqueciendo a medida que avanzan los años.

Para mí, el lenguaje en esta primera etapa —y en sus obras mejores— se puede definir con cinco adjetivos: realista, popular, directo, violento y desgarrado. A los cinco adjetivos hay que añadir: 1.°) la huida del lenguaje utilizado en el teatro burgués; 2.°) la experiencia vital múltiple de Rodríguez Méndez como jurista, militar, periodista, viajero, inmigrante en Barcelona, donde convivió con inmigrantes de casi todas las regiones de España. Esta experiencia vital múltiple le llevará a la evolución y enriquecimiento de su lenguaje dramático. A la experiencia vital hay que añadir la de ensayista que recoge textos de diversas fuentes; 3.°) todo su lenguaje suena a hispano, en el amplio concepto de esta palabra, recogido, a su vez, en contacto con el habla viva del pueblo de los años 50 y 60. Jamás, en esta etapa, donde se sufre la plaga literaria del existencialismo o el absurdismo francés, del teatro épico social procedente, principalmente, de la obra dramática de Bertold Brecht, del cine neorealista italiano, o del drama norteamericano, observamos la influencia, en su lenguaje, del barbarismo que nos llega de las traducciones argentinas de estas obras existencialistas o sociales extranjeras, así como del cine italiano, o de las traducciones del realismo social norteamericano. Lo literario, pues, no aparece en el lenguaje de Rodríguez Méndez en sus obras fundamentales.

Este lenguaje vivo se va enriqueciendo en contacto con el estudio del lenguaje recogido en las obras del Género Chico. Lenguaje que, a su vez, estaba presente en el autor, desde su infancia. Recordemos que nació en la calle de La Ruda, en el distrito madrileño de La Inclusa, centro del viejo Madrid. Pedro Salinas nos dice: «El Género Chico va a recoger sus personajes de gente del pueblo, expresándose en un lenguaje llano de saber y de plástica, abundante en giros caricaturescos» [17]. El lenguaje del Género Chico que ya llevaba en sí Rodríguez Méndez desde su infancia, va a ser descubierto y fijado en su obra dramática, como fuente estética de su habla, en fusión con el lenguaje vivo de su primera etapa. Esta fusión de hablas será lo predominante en la segunda etapa. Objeto de una tesis lingüística sería lo que Valle Inclán debe al Género Chico que pueda, a su vez, coincidir, con el lenguaje de la segunda etapa de Rodríguez Méndez. Alonso Zamora Vicente nos dice: «Un verbo como chanelar ya está en *La Gran Vía* (1886). Aunque se haya usado antes (González del Castillo, por ejemplo), no vuelve a aparecer con intensidad hasta el Género Chico, de donde pasa a Valle Inclán» [18]. A estas dos fusiones podemos añadir la influencia del lenguaje de

[17] Pedro Salinas, *Literatura Española. Siglo XX,* Madrid, Alianza, 1970, pág. 129.
[18] Alonso Zamora Vicente, *La realidad esperpéntica,* Madrid, Gredos, 1974, pág. 166.

Valle Inclán en Rodríguez Méndez, e igualmente la de los clásicos españoles.

En la tercera etapa se enriquece aún más. El contacto ininterrumpido con los inmigrantes en Barcelona le ha dado una gran riqueza lingüística, más la unión con el catalán fonético que su oído de charnego supo transcribir. El mismo Rodríguez Méndez nos dice:

> Los personajes de *Flor de Otoño* no hablan precisamente en catalán, sino en barcelonés. No hay que confundir esa especie de linfardo castellano-catalán, con ciertas incrustaciones de «lingua franca» portuaria que se habla en Barcelona, con la movible e imprecisa lengua catalana. El lenguaje que pongo en los personajes burgueses y proletarios de mi drama es el catalán fonético que he escuchado por las calles y residencias señoriales. Mi oído de charnego lo capta como un elemento folklórico más de esta rivera mediterránea [19].

La creación de *Flor de Otoño* es el prólogo de una tercera etapa lingüística en la obra de Rodríguez Méndez, pues junto con el castellano en plena madurez evolutiva y las fusiones de habla de la segunda etapa, se da el catalán fonético. Con el catalán fonético, Rodríguez Méndez mezcla expresiones dialécticas de diversas regiones españolas. También en transcripción fonética de él mismo, junto a voces del argot bien cuartelero, bien del lumpen o de los inmigrantes afincados en Barcelona.

Dos caminos truncados en busca de la libertad en la España de Franco:

A) *Bodas que fueron famosas del Pingajo y la Fandanga*
B) *Flor de Otoño*

Me pregunto antes de entrar en el análisis de estos truncamientos de caminos en la España de Franco, si estos caminos que truncó la dictadura, no han servido hoy

---

[19] «Conmigo mismo», *Primer Acto,* núm. 173, Madrid, 1974.

día para gozo de nuestro pueblo, para llevar al mismo al desahogo y triunfo de toda una dura opresión que duró cuarenta años. La asistencia de público al Teatro Nacional «Bellas Artes» de Madrid, donde, mientras escribo estas líneas, se está representando *Bodas que fueron famosas del Pingajo y la Fandanga,* e igualmente asistencia de público en un cine de Madrid y en varios de España donde se está dando una versión cinematográfica de *Flor de Otoño,* nos hacen reflexionar sobre todos los que opinan que no hay teatro, que todo el teatro español existente en la actualidad —me refiero al de calidad —es teatro de «antes». ¿No será la clásica envidia española la que ciega los ojos de los que esto dicen? ¿Acaso existe teatro de «antes», de ahora y de después sin auténticos y eternos valores dramáticos? ¿Qué es el teatro? No quisiera responder con las consabidas citas de Roland Barthe» [19 bis], sino más bien de una manera artaudiana, seguida por la juventud más radical y comprometida de nuestro tiempo. Si para Artaud y esta juventud radical el drama no es representación del mundo, sino participación en su misterio [20], en las obras de Rodríguez Méndez, sin «antes» ni «después», se está dando esta participación, y si la participación se da, es que estas obras están vivas, antes de Franco, con Franco y después de Franco. Jean Louis Barrault basa gran parte de su teoría teatral en lo que él llama «presente eterno». En este presente deja de haber futuro y pasado. El hecho teatral es una especie de suspensión en el presente [21]. Y nada más. Si esta «suspensión» se da, no hay que dar más rodeos al asunto. Artaud medía y afirmaba el hecho teatral por la cantidad de alucinaciones que el público recibía en contacto con la inesperada vida dramática del actor-personaje, vida dramática que se revela en el mo-

---

[19 bis] Roland Barthes, *Ensayos críticos,* Barcelona, Seix Barral, 1967, pág. 309.
[20] Antonin Artaud, *Le théâtre et son double,* París, E. Gallimard, 1938.
[21] J. L. Barrault, *Mi vida en el teatro,* Madrid, Fundamentos, 1975.

mento de actuar, como prolongación de la misma vida del actor[22].

Por todo lo dicho anteriormente creo que *Bodas que fueron famosas del Pingajo y la Fandanga* y *Flor de Otoño* están viviendo en un presente, que es lo importante, y lo mejor aún, que ambas obras, arrancando de un pasado remoto, como ya hemos dicho, mucho más allá de la Dictadura de Franco, están siendo regocijo, alegría y reflexión para los públicos del año 1979, o sea, de la Democracia. No hay duda: el teatro de Rodríguez Méndez sigue viviendo. ¿Quién puede decir otra cosa? ¿Para qué tantas lucubraciones vanas de estudiosos y críticos pedantes que quisieran borrar de un manotazo todo el teatro español? ¿Por qué esta ceremonia de la confusión? ¿Por qué estas negativas tan ingenuas en que se ve la envidia y el rencor en el fondo? ¿Qué son las *Bodas...?* ¿Qué es *Flor de Otoño?* La primera es la historia de un pobre hospiciano, soldado, repatriado del desastre colonial de Cuba en el año 1898, que llega a desertar del ejército de España, tan acorde con el país entero en la época del Desastre, con sus engañosos políticos, sus partidos, su moral decadente y desordenada, y su economía por los suelos, rondando el hambre de los más. ¿Puede existir una España de «antes» que se acerque más a la de «ahora»? Y ese pobre soldado-hospiciano, se rebela en contra de las estructuras fatídicas existentes, deserta del Ejército, como se ha dicho, porque quiere vivir, enamorarse, casarse y festejar las bodas con la inocente niña de trece años, la Fandanga, quien ha sido donada, como un objeto más sin valor, en una España sin valores, por su padre, el Petate, animal inocente dentro de un mundo de perversiones, del lumpen, donde la desilusión de los seres humanos está a la orden del día. Y el hospiciano-soldado, que tenía derecho a poseer lo que otros derrochaban en vicio, roba en el Casino de Bellas Artes de Madrid, para festejar sus bodas, encontrando su fusilamiento en un amanecer, junto a unas lomas castellanas, después de habérsele aplica-

---

[22] Antonin Artaud, *op. cit.*

do la ley que la justicia militar guarda para estos casos. ¿En la obra, quienes son los culpables? Acaso lo sabe alguien hoy en España? ¿Ha organizado o regenerado alguien a la España en que vivimos? ¿No están sucediendo antes y ahora los mismos problemas sin darles solución? Será el pueblo inocente quien —en esta obra naturalista, enarbolada por un bellísimo lenguaje barroco, luminoso y sonoro, colorista y profundamente hispano, con una soterrada poesía y humor que asoman en la inocencia y bondad de los tipos— imponga el mejor final a la obra: el envolvimiento del cadáver del Pingajo en una bandera española hecha trizas, símbolo de una España deshecha, Pueblo-símbolo de una fuerza liberadora capaz de levantarse por encima de toda adversidad impuesta por unos líderes insensatos siempre. Ésta es la lectura esencial que se desprende de la obra: la inocencia de un pueblo golpeado y herido envuelta en la luminosidad del sol, la luz, la alegría y el cielo de España.

La segunda obra, o sea, *Flor de Otoño,* es una obra escrita siete años después que la primera. Conserva los mismos o mayores valores que *Bodas...* En *Flor de Otoño,* como se ha dicho, el lenguaje barroco y hermoso, se ha enriquecido con el encuentro o hallazgo del vocablo o giro del catalán fonético o de los dialectos regionales. Junto a este enriquecimiento, la dramaturgia de Rodríguez Méndez se ha reelaborado, con más firmeza, al paso de los años. Encontramos mayores valores dramatúrgicos y la entrada acrecentada del humor hispano —ese humor sabio propio del artista que ya se ríe de todo por el mucho dolor recibido—; humor que adquiere, a veces, su mayor calidad en escenas mudas, casi de carácter chaplinesco, que nos hacen retornar, en su dolorosa soledad, a las escenas de silencio de nuestra mejor novela picaresca y a la gloriosa tradición hispana de la misma. Pero por encima de todas estas formas dramatúrgicas, sobresale el dolor de la España de «antes», de «ahora», y la de tal vez, sino se remedia, la de «después». ¿Qué es *Flor de Otoño?* La historia, en este caso, de otro marginado, como el Pingajo; pero de otro marginado que también se rebela contra la sociedad existente. Y esta rebelión está cercanísima a las aspiraciones de una España democrática, que todavía algunos, intentan impedir su progreso. Progreso ya viejo en otras naciones del mundo occidental: la libertad del hombre tal como sean sus instintos o los impulsos de su sangre. En este caso el homoxesual defendiendo sus derechos, su petición justa a la humanidad, para que lo dejen actuar tal como lo exige su constitución íntima, sus instintos y su sangre. Y estos instintos y esta sangre que se rebelan, hacen al Lluiset —señorito burgués catalán, abogado, de familia distinguida y militar— unirse, apiadarse por la gente del lumpen, tal vez como defensa de sí mismo, como refugio de sí mismo, o como ansia de amor y confraternización hacia todos los miserables de una España no culpable en su miseria. De aquí su sorprendente sentido terrorista-anarquista. ¿Qué culpa tuvo él de ser como nació? ¿Qué culpa tuvo de seguir el camino de los inocentes miserables que todavía se condenan en España, y en los demás países en mayor o menor grado, sin investigar en el porqué de sus causas? El Lluiset, o sea, Flor de Otoño, morirá fusilado por los militares al final de la Dictadura del general Primo de Rivera. Tenemos otra vez a un personaje marginado que se rebela contra la sociedad como el Pingajo, pero con la diferencia de que el Pingajo es tal su inocencia, que ni sabe por qué le quitan la vida los demás, y el Lluiset es consciente de su muerte y llega a reírse de todo lo divino y humano ante el regocijo o dicha de morir, para no seguir viviendo en una España como la que vive, o vivimos todos. En este sentido el Lluiset es un héroe romántico. Romántico y paradójicamente racionalista que ha llegado a no creer en la vida y a aceptar la muerte como una liberación de la vida. Tiene, como se ve, un profundo sentido de la idiosincrasia española: el estoicismo senequista. ¿Quién puede decir que este personaje no sea un personaje del futuro? ¿Acaso no es del pasado y del presente? ¿Qué es España?, me pregunto, como Ortega y Gasset y tantos se preguntaron. Yo respondería en estos momentos: la continuidad de unos problemas larrianos que no han encontrado aún solución. Cuánta sangre derramada para llegar a este encuentro.

Flor de Otoño se cierra con un «adiós» bellísimo, junto a la puerta de una lóbrega sala del castillo de Montjuich, cerca del mar «nuestro», en otro luminoso amanecer. El «adiós» de doña Nuria de Cañellas —de la alta busguesía catalana y viuda de militar— que le da a su hijo, a Lluiset, fingiendo que nunca supo cómo fue la interioridad verdadera de su hijo, y que pronto se verán, para ser felices, en Méjico, a donde finge doña Nuria que se va el Lluiset. Ese Méjico-muerte, será el final de ambos. Mueste que supone encuentro feliz ante una España que muere, que no quiere ponerse de acuerdo para encontrar su libertad total. ¿Estamos en un «antes», en un presente, o en un después? Creemos sencillamente que estamos ante obras de arte totalmente válidas en todos los espacios y los tiempos.

Sobre la dramaturgia de Rodríguez Méndez
y la potenciación de signos de la misma

Dice Walter H. Bruford[23] que Lessing y Goethe son los primeros en Alemania que se plantean el hecho teatral como una armonía de signos, a cada uno de los cuales la puesta en escena habrá de potenciar, con el fin de llegar a la esencia de la poesía dramática. Este sentido armónico de signos teatrales tuvo su mejor manifiesto en el teatro Weimar que, durante años, dirigió Goethe. Debido a la amistad de Goethe y Schiller y a sus compenetraciones estéticas en el teatro Weimar surgirá, a propuesta de Schiller, el carácter épico para la tragedia y, con esta nueva concepción, el germen del teatro brechtiano. Ahora bien, este potenciar los signos teatrales o lenguaje dramático surge de acuerdo con la creación de un teatro nacional alemán. Apoyado en raíces del pue-

---

[23] Walter H. Bruford, *Culture and Society in Classical Weimar, 1775-1806,* Cambridge, 1962.

blo germano y, dentro de estas raíces, en la palabra, signo primordial de toda creación dramática. Por este camino se llega al realismo crítico que Hauser calificará de «eterno fluir», de «lucha interminable» [24].

Si cuando el teatro toma conciencia práctico-teórica de la expresión de una dramaturgia, arranca de su primordial raíz, o sea, de la palabra, signo que aclara la conciencia nacional, es lógico que en el devenir histórico, haya que encontrar la dramaturgia de Rodríguez Méndez en la palabra, en este caso, de valores semánticos riquísimos. El lenguaje de Rodríguez Méndez es la revelación de toda su dramaturgia. Es el signo de orientación para seguir su lectura ya sea escenificada o en el mismo texto. Tanto *Bodas...* como *Flor de Otoño* no son propuestas dialécticas a la alemana, sino propuestas vitales a la española. Algunos verán, quizá, *Bodas...* como una obra poco estructurada. Su fábula dividida en siete estancias y un epílogo nos hará barruntar que faltan, entre estampa y estampa, términos de enlace que la unifiquen, que den unción rítmica a la acción; así como el que no quedará claro, o falta proceso, el amor que pueda existir entre el Pingajo y la Fandanga, y que al robo en el Casino de Madrid, también le falta proceso e incluso elaboración; robo que se realiza, como sabemos, para festejar las bodas. Pero si hacemos un detenido análisis de las estéticas españolas más ricas, observamos que esta aparente falta de estructuración nos acerca a lo que fue siempre esencial en nuestro mejor teatro: el entroncamiento de las corrientes manieristas y barrocas, cuyas teorías quedan estudiadas magistralmente por Emilio Orozco Díaz [25]. Estamos tanto en las *Bodas...* como en *Flor de Otoño* ante un teatro coral, la mayor de las veces pluritemático, donde las figuras centrales quedan, en muchos momentos de la fábula, en segundo término, al mismo tiempo que hay un desbordamiento ornamental, cuyo lujo esencial lo encierra la palabra de los textos

---

[24] A. Hauser, *Historia social de la Literatura y el Arte,* t. II, Madrid, Guadarrama, 1974, pág. 353.
[25] Emilio Orozco, *Manierismo y Barroco,* Madrid, Cátedra, 1975.

de Rodríguez Méndez. Y es, precisamente, por el camino del desbordante y rico lenguaje de nuestro autor, por donde tenemos que investigar en las posibilidades de su dramaturgia, resultando que al potenciar los caminos fonéticos y semánticos de la palabra, o los giros de este lenguaje, por ejemplo en las *Bodas que fueron famosas...,* nos encontramos con un mundo barriobajero madrileño, naturalista, nunca oscuro y sucio, sino luminoso, alegre, como el cielo y la luz de Madrid. Casi todas las situaciones de la obra están estructuradas a la luz del cielo y sol madrileños, y unido a esta luz, nos encontramos con la alegría de los sonidos que nos llegan de un Madrid bullanguero; sonidos felices que traen los cantos de los niños o los pianillos que tocan las habaneras o las marchas militares de la época. Este cielo, esta luz y estos sonidos tienen que potenciarse en el escenario con toda la alegría dramática que la atmósfera de estos mundos envolventes aportan a los espacios escénicos, abrillantándonos personajes y situaciones, y contribuyendo a la búsqueda purificadora de la poesía última que puede esconder la obra en la profunda inocencia, bondad y humanidad de los personajes.

Creo que a los personajes de Rodríguez Méndez hay que tratarlos con especial atención. No porque la génesis responda a la época del Desastre colonial español, van a estar envueltos en ese negrurismo de la pintura negra de Goya, o en un pesimismo, si se quiere, figariano, de una España vencida y descaminada que nos lleva a un sentido barojiano de la existencia humana. De ninguna de las maneras. La mayor parte de los personajes del autor de *La busca,* también irradian luminosidad en su sentido introspectivo de la lucha por la existencia. Tienen momentos que encuentran y juegan con la alegría de la luz, aun buscando saciar el hambre entre las basuras de las rondas madrileñas. A la basura llegan también la luz y el sol. Y ni muchísimo menos se puede desvirtuar la inocencia de los tipos de Rodríguez Méndez, haciendo de ellos el ladrón de cartón de las comedias del gran guiñol o la erótica llena de furor uterino, donde el sentido del sexo supera la inocencia. El dolor del hombre que vivió los cuarenta años franquistas y vive ahora el dolor de una transición a la democracia, está por encima del partidismo, didactismos y de toda intención materialista-marxista. Las siete estampas y el epílogo que estructuran *Bodas que fueron famosas*... hay que envolverlos en espacios escénicos luminosos y poéticos, como corresponde al naturalismo de Rodríguez Méndez. La dramaturgia de este autor está relacionada con un deseo galdosiano de la vida, donde el amor fraternal está por encima de todo.

Desgraciadamente, por esa falta de preparación y continuidad de equipo en nuestro teatro, creo que las obras de Rodríguez Méndez no se han visto todavía representadas en un escenario español con toda la grandeza que delata la existencia de su cosmos dramático. Ocurre como en casi todo el proceso dramático de la España que va desde Valle Inclán a los mejores autores de nuestros días. Nadie ha entendido, en nuestro país, hasta ahora, la dramaturgia de Valle Inclán. Por eso, Valle Inclán sigue vivo en el texto y no en el subtexto descubierto por nuestros llamados hombres de teatro.

Intentemos acercarnos al epílogo de *Bodas que fueron famosas*..., para que podamos observar el fusilamiento del Pingajo. Nos encontramos con que este fusilamiento se lleva a cabo en unas «lomas castellanas», entre «un agrietado cielo de amanecer» y «en el suelo queda el jirón de la bandera nacional que empieza a iluminar el sol». Este encuentro con un lenguaje enraizado en la tradición española que desde los clásicos pasa por Valle Inclán —con su múltiple sentido de creatividad lingüística— y por las obras del Género Chico, unidas a su vez, con la tradición sainetesca del Madrid popular de don Ramón de la Cruz y con las jergas de los inmigrantes en Cataluña —a los que tanto oyó hablar Rodríguez Méndez, como se ha dicho—, hacen que cualquier acotación de *Bodas que fueron famosas*..., o de *Flor de Otoño* nos dé pistas seguras para potenciar un lenguaje dramático repleto de luz, alegría, vida y rebelión ibérica a la hora de decidir la puesta en escena, no ya de estas obras, sino de todas las mejores de Rodríguez Méndez. Por tanto, toda dramaturgia germana de raíz piscatoriano-brechtiana nos falla al ser aplicada a una dramaturgia ibérica, que se desboca y lucha con la furia de un toro acorralado. Quitaríamos entonces el temblor de lidia que para el teatro reclama don Ramón María del Valle Inclán [26]. No sabemos por qué se ha puesto de moda en nuestro país aplicar dramaturgias germanas a obras españolas, e incluso aplicar otras dramaturgias llamadas de vanguardia sin molestarse en buscar una vanguardia de raíz española. Cuando fusilan al Pingajo ha salido el sol, pero no llueve ni nieva a torrentes como en centro Europa o en los países nórdicos, ni por supuesto, las afueras de las Ventas del Espíritu Santo madrileñas se parecen en nada a los suburbios berlineses en la época nazi. ¿Por qué no situar la dramaturgia española en el espacio envolvente que le corresponde? ¿Por qué querer encontrar con un esnobismo desaforado los espacios escénicos del teatro occidental de turno para ser aplicados a obras de carácter marcadamente hispano? ¿Cuándo surgirá el hombre de teatro español que sepa crear un estilo dramatúrgico español e imponerlo en los escenarios del teatro occidental?

¿Qué camino seguirá ahora el autor?

No es tan fácil contestar a esta pregunta. La losa del franquismo ha caído aplastante, durante cuarenta años, sobre toda una generación de dramaturgos ya sean de los llamados —por la crítica partidista y acomodaticia, que no quiere investigar la realidad de los hechos y se esfuerza por dividir en grupos— «experimentalistas» o «realistas». Para mí, los llamados inútilmente «realistas» han sabido experimentar y justificar sus evoluciones al compás de las tendencias más ricas del teatro occidental,

---

[26] Ramón María del Valle Inclán, *Los cuernos de don Friolera,* en *Obras Completas,* Plenitud, 1954.

como apuntó César Oliva [27]. Creo que los primeros tendrían que replantearse el problema de la dramaturgia española. En épocas históricas tan críticas, tan en crisis y en derrumbamiento, no ya en lo socio-político-económico, sino también, como es lógico, en lo literario, se ha vuelto la mirada a lo que es eterno: a las raíces de los pueblos, buscando en estas raíces lo popular, lo humano, lo auténtico. La historia del teatro mundial está plagada de este ahondamiento, como salvación, en las raíces de los pueblos y de los grandes dramaturgos que, con enorme capacidad de poetas dramáticos, supieron arrancar o surgir de estas raíces. En la Alemania del siglo XVIII, sin tradición dramática con sentido nacional, surgieron ya las raíces de la dramaturgia épica del teatro brechtiano cuando Lessing en su *Dramaturgia de Hamburgo* [28] se dio cuenta que desde los grandes trágicos griegos hasta Shakespeare, la realidad de toda dramaturgia que quiere ser eterna, tiene que apoyarse en las raíces de los pueblos y, con ellas, en lo humano. No hay signos dramáticos de mayor modernidad que el profundizar en el ser humano: en su palabra, en su sentido racional, en lo que esta palabra y este ser humano hayan sido en las distintas épocas en que vivieron. Todos los esteticismos que dan lugar a los «ismos», sean de la procedencia que sean, son baldíos si no se ve la palabra y el ser humano que la dice, respondiendo a las preocupaciones del mundo envolvente en que vive. Yo afirmaría con Alfonso Sastre que del realismo proceden todos los «ismos» [29]. Cuando Aristóteles afirma en su *Poética* que la realidad hay que darla idealizada, acaso pensaba en un sentido profundo del realismo cuya raíz había que buscarla en las preocupaciones poéticas de los pueblos que

[27] César Oliva, *Cuatro dramaturgos «realistas» en la escena de hoy: sus contradicciones estéticas,* Universidad de Murcia, Departamento de Literatura Española, 1978.

[28] Galvano della Volpe, «Para una lectura crítica de la Dramaturgia de Lessing», en *Crisis de la Estética Romática,* Buenos Aires, J. Álvarez, editor, 1964.

[29] Alfonso Sastre, «Siete notas sobre "Esperando a Godot"», *Primer Acto,* núm. 1.

enraizan con el sentido metafísico del hombre. El dramaturgo, como es lógico, es siempre un inconformista y a él
le corresponde la indagación. El dramaturgo es siempre un
luchador que cumple fielmente aquel sentido schilliano
que nos dice: «La esfera del teatro como tribuna empieza
allí donde termina la ley oficial. Cuando la justicia está
ciega y enmudece al servicio del crimen, comprada por el
oro; cuando la maldad y la perfidia del fuerte se burlan de
su impotencia, y el terror ata las manos de los gobernantes, el teatro empuña entonces la espada, coge la balanza
y arrastra a la maldad hacia el terrible juicio»[30]. Para
evitar problemáticas y controversias, para llegar a la
verdadera raíz habría que afirmar con Unamuno: «La
verdadera regeneración del teatro está en que vuelva a
ser lo que fue, en que se sumerja en su primitiva esencia, sofocada por el ámbito histórico, en que se torna
popular.» «Porque en la inmensa conciencia del pueblo
empieza a transformarse la Patria»[31].

Para terminar no quiero dejar de decir que en todas
las épocas de desconcierto o de decadencia social o intelectual surgieron los «ismos» para rellenar los huecos
de la existencia de los grandes creadores. Que el dadaísmo,
surrealismo o absurdismo —pongo como ejemplo, entre
los muchos— surjan con sus posturas irracionales, no
dejan de ser posturas de entretenimiento de sociedades
decadentes, o impotencias de hombres que no están do-
tados para las grandes creaciones dramáticas, o aún más,
refugio de frustrados para engañar el juego de sus pro-
pias vidas. También es verdad que, a veces, por asimi-
laciones insistentes de estas impotencias «ísmicas» puede
surgir el talento creador que asimile lo existente, lo codi-
fique con arte y nos traiga la luz renovadora deseada.
Dentro de los «ismos» citados como ejemplo, tenemos a
un Samuel Beckett, pero no a sus antecesores ni a sus

---

[30] Cita recogida en el prólogo de Ricardo Salvat al libro de
J. Desuché titulado *La técnica teatral de Bertold Brecht*, Barcelona, Oikos-Tau, 1976.
[31] Miguel de Unamuno, «La regeneración del teatro español»,
en *Obras Completas*, Madrid, Aguilar.

41

seguidores. El problema del destino de todo dramaturgo actual no es ya como dice Ruiz Ramón: «Será necesario, pues, que cada uno vuelva a empezar de nuevo, sin incurrir en el mismo error: el de ser sólo actuales, pues lo actual, en régimen de dictadura o en régimen de libertad, incesantemente se autodevora» [32], sino en ser conscientes y fieles a sí mismos y en seguir ese camino del misterio creativo que con voces irremediables nos llama siempre, ya fuera durante el franquismo o durante la aparente democracia en que vivimos. El secreto está en seguir. Sufriremos nuestros tropiezos y nuestras glorias, pero seguiremos irremediablemente, derramando sudor, desgastando energías, derramando hasta sangre y vida. Rodríguez Méndez tiene clara la solución: seguir el camino que emprendió desde hace muchos años.

[32] Francisco Ruiz Ramón, *Estudios de teatro español clásico y contemporáneo,* Madrid, Fundación Juan March-Cátedra, 1978, página 252.

Síntesis cronológica (Vida y obra)

1925   Nace en la calle de la Ruda. Madrid, 6 de junio. Dictadura del general Primo de Rivera. Reina Alfonso XIII. Muere Pablo Iglesias.

1928   Arde el Teatro de Novedades de Madrid y la visión del incendio a los tres años de edad —según él— le causa una gran impresión.

1929   Ingresa en el colegio particular de Madrid «El Modelador de la Infancia».

1931   El 13 de noviembre, en plena Segunda República, se estrena en Madrid, en el teatro Pavón, la revista «Las Leandras» y empieza su afición al teatro.

1935   Ingresa en la Escuela Preparatoria del Instituto Nacional de Segunda Enseñanza de San Isidro, calle de Toledo, Madrid.

1936   Estaba en una colonia escolar de Cercedilla (Madrid) cuando estalla la guerra civil. Su padre había quedado en la zona nacional.

1939   Emigra a Barcelona con su familia. El padre se reúne con ellos. Ingresa en el Instituto Menéndez y Pelayo de Barcelona.

1944   En Barcelona, mientras estudia el Bachillerato, trabaja en la compañía teatral de Paco Melgares, e interpreta un papel en la obra *La Casa de la Troya,* novela de Pérez Lugín, adaptada al teatro por Linares Rivas.

(En este año se publica el libro de poemas *Los hijos de la ira* de Dámaso Alonso. Jean Paul Sartre estrena en París la obra dramática *Huis-Clos*. Camilo José Cela había publicado, en el año 1941, su novela *La familia de Pascual Duarte*.)

1945   Termina el Bachillerato. Se matricula en la Facultad de Derecho de Barcelona. Ingresa en el T.E.U. de Filosofía y Letras como actor. Interpreta obras de los clásicos españoles: Cervantes, Lope de Vega, Tirso de Molina, Calderón de la Barca. Empieza a saborear y a admirar el lenguaje de los clásicos.

(Carmen Laforet publica su novela *Nada*.)

1947   Ingresa en la Milicia Universitaria.

(Se estrena en Nueva York *Un tranvía llamado deseo* de Tennesse Williams.)

1948   Funda la revista poética *Verde Viento*. Barcelona. Publica sus primeros poemas.

1949   Obtuvo el empleo de alférez eventual de complemento.

(Antonio Buero Vallejo estrena *Historia de una escalera*. Arthur Miller estrena en Nueva York el drama *La muerte de un viajante*. Bertold Brecht estrena en Alemania *Madre Coraje*. Jean Paul Sartre estrena en París *Los secuestrados de Altona*.)

1950   Se licencia en Derecho en la Universidad de Zaragoza. Se aficiona a la lectura de las obras del Género Chico.

1951   Funda la revista poética *La Calandria* en Barcelona. Va a Cádiz a hacer las prácticas de Alférez de Infantería. Su primer encuentro con Andalucía. En Cádiz se une al grupo poético «Platero». Conoce allí a Caballero Bonald, Pilar Paz Pasamar, Antonio Gala.

1952   Marcha a París. Vio representada en francés *Bodas de sangre* de García Lorca. Desde entonces desprecia el teatro francés. Al regreso hace oposiciones a la escala de Administración del Ministerio de Obras Públicas. Vive en Madrid. Ingresa de nuevo en el T.E.U. y se hace apuntador. Apunta la obra dramática *Cargamento de sueños* de Alfonso Sastre. Continúa de apuntador en el Teatro de Cámara que dirige José Luis Alonso.

1953   Escribe la obra dramática *El milagro del pan y de los peces*. Vive en Madrid. Empieza a escribir en las revistas universitarias *Alcalá* y *La Hora*. (Alfonso Sastre estrena *Escuadra hacia la muerte*.)

1954   Viaja a la Argentina. Desde Buenos Aires envía sus primeros artículos al *Noticiero Universal* de Barcelona. El primer artículo publicado se titula «Una bandera al viento, doce españoles» y lo escribe a bordo del barco que le lleva a la Argentina. Desde entonces y por largo tiempo seguiría colaborando en el diario barcelonés *Noticiero Universal*. En Buenos Aires conoce a Rafael Alberti y Jorge Luis Borges.

1955   Regresa de la Argentina y vive en Madrid. Trabaja en la Editorial Castilla como corrector tipográfico. Económicamente va mal y solicita entrar en el Ejército.

1956   Teniente de Complemento en el Parque de Artillería de Valladolid. Conoce Castilla la Vieja y empieza a descubrir la vida militar. Lee las novelas de Galdós y la Historia de Vicens Vives. (Se estrena en Londres la obra dramática de John Osborne, titulada *Mirando hacia atrás con ira*.)

1957   Es destinado al Regimiento de Línea de Melilla. Después a las Islas Chafarinas. Toma parte en la contienda de Sidi-Ifni y en Consejos de Guerra, como abogado defensor.

1958   Regresa a Madrid. Muere su padre. Escribe la obra dramática *Vagones de madera*. Se publica en la revista *Primer Acto*. Viaja a Italia donde sigue un curso de Literatura en la Universidad de Perugia.

1959   Vuelve a Marruecos. Enviado como periodista.

Pero no le publican los artículos. Estrena *Vagones de madera* con el T.E.U. de Barcelona. Escribe y estrena la obra dramática *La tabernera y las tinajas,* con el grupo «La Pipironda». Estrena *El milagro del pan y de los peces* con el grupo «Palestra».

1960   Escribe la obra dramática *Los inocentes de la Moncloa.*

1961   Estrena *Los inocentes de la Moncloa,* en Barcelona, en el teatro Candilejas. Es su primer estreno comercial. La obra se publica en la revista *Primer Acto.* Escribe las obras dramáticas *La vendimia de Francia, La batalla del Verdún* y *Prólogo para Fuenteovejuna.* Trabaja en la Editorial Espasa-Calpe.

(Carlos Muñiz estrena *El tintero.*)

1962   Escribe las obras dramáticas *La trampa* (perdida), *Historia de forzados* (perdida) y hace adaptaciones de los clásicos.

(Lauro Olmo estrena *La camisa.* Alfredo Mañas estrena *Historia de los Tarantos.*)

1963   Escribe y estrena la obra dramática *El círculo de tiza de Cartagena,* en el teatro Guimerá de Barcelona. Escribe las obras dramáticas *En las esquinas banderas* y *El vano ayer.*

(Se estrenan *Las salvajes en Puente San Gil* de Martín Recuerda.)

1964   Estrena en Madrid *Los inocentes de la Moncloa,* en el teatro Cómico, por la Compañía de Jorge Vico. Le dan el premio «Larra» de la crítica madrileña, y en Barcelona estrena *La vendimia de Francia,* por el grupo «Bambalinas». Se publica *El círculo de tiza de Cartagena* en la Editorial Occitania, núm. 1, Barcelona. Se publica *La vendimia de Francia* en la revista *Yorick,* núm. 2, Barcelona. Escribe la obra dramática *El ghetto o la irresistible ascensión de Manuel Contreras.*

1965   Estrena *La batalla del Verdún* en el teatro Candilejas de Barcelona, por el grupo «La Pipironda», y *La trampa* en el teatro de la Capilla Francesa de Barcelona. Escribe las obras dramáticas *Bodas que fueron famosas del Pingajo y la Fandanga* y *La mano negra*.

1966   Estrena en el teatro Lope de Vega de Valladolid *El vano ayer* por la compañía Ara de Málaga, y en Barcelona *El ghetto o la irresistible ascensión de Manuel Contreras,* por el grupo «La Pipironda» en el Hogar «Nía Nesto». Se publica *La batalla del Verdún,* en la Editorial Occitania, número 14, Barcelona.

1967   Escribe la obra dramática *Los quinquis de Madriz.*

1968   Escribe la obra dramática *La Andalucía de los Quintero.* Se publica en la revista *Yorick,* núm. 29, Barcelona. La editorial Taurus, en la Colección «El mirlo blanco», núm. 8, Madrid, publica un tomo con dos de sus obras: *La tabernera y las tinajas* y *Los inocentes de la Moncloa.*

1971   Escribe la obra dramática *Historia de unos cuantos.* Publica el libro *Ensayo sobre el machismo español,* en Ediciones Península.

1972   Escribe la obra dramática *Flor de Otoño.* Publica el ensayo crítico *Los teleadictos,* en la editorial Estela. Publica *Pobrecitos, pero no honrados,* libro de cuentos, editorial Laia. Publica *Comentarios impertinentes sobre el teatro español* y el libro *Ensayo sobre la inteligencia española,* en la editorial Península.

1974   Escribe la obra dramática *Spanish News.* Se publica *Flor de Otoño* en la revista *Primer Acto,* número 175, Madrid. Publica el libro de ensayos *La incultura teatral en España,* editorial Laia. Publica el libro *Pudriéndome con los árabes,* en ediciones Península, y *Ciudadanos de tercera,* libro crítico-narrativo, editorial Plaza y Janés, Colección «Testigos de España».

1975   Muere su madre. Estrena *Historia de unos cuantos* en la cátedra «Juan del Enzina» de la Universidad de Salamanca. Estrena esta misma obra en el teatro Alfil de Madrid, por la compañía Morgan.

1976 La Asamblea de Actores y Directores de Cataluña le estrena en el teatro de Montjuich de Barcelona *Bodas que fueron famosas del Pingajo y la Fandanga*.

1978 Inaugura el Centro Dramático Nacional con la puesta en escena, en el teatro Bellas Artes de Madrid, de su obra *Bodas que fueron famosas del Pingajo y la Fandanga*

Bibliografía escogida

Los trabajos escritos sobre el teatro de Rodríguez Méndez se encuentran, en su mayor parte, dispersos en diarios y revistas de Barcelona, Madrid y provincias, a su vez, recogidos en mi tesis doctoral, no publicada aún, titulada *Personalidad y obra dramática de Rodríguez Méndez*, dirigida por Emilio Orozco Díaz, director del Departamento de Literatura Española de la Universidad de Granada. Facilité gran parte de esta bibliografía a Martha Halsey, quien la publicó en la revista *Estreno,* que se especifica en la bibliografía seleccionada que a continuación citamos. Yo aconsejaría al lector que leyera los artículos de crítica teatral escritos por Rodríguez Méndez en el diario *Noticiero Universal* de Barcelona y publicados, en gran parte, en el libro citado en la Síntesis Cronológica, titulado *Comentarios impertinentes sobre el teatro español* (editorial Península, Barcelona), y en el igualmente citado *Ensayo sobre la inteligencia española.* Es la mejor manera de conocer a Rodríguez Méndez y al teatro de su época, aparte, claro está, de la lectura de sus obras.

1. ÁLVARO, Francisco, *El espectador y la crítica* (El teatro en España, 1964), Valladolid, 1965, *Los inocentes de la Moncloa.* Estreno en Madrid.
2. ÁLVARO, Francisco, *El espectador y la crítica* (El teatro en España en 1975), Valladolid, 1976, *His-*

toria de unos cuantos. Estrenada en Madrid en 1975.

3. Buxó Montesinos, Joaquín, *Justificación a un nombre,* Occitania, Colección «El sombrero de Dantón», núm. 1. Ante la publicación de *El círculo de tiza de Cartagena.*

4. Carmona Ristol, Ángel, «El esfuerzo de La Pipironda», *Primer Acto,* núm. 45, 1963.

5. Halsey, Martha, «La generación realista: A Select Bibliography», *Estreno,* vol. III, núm. 1, Universidad de Cincinnati, 1977.

6. Isasi Angulo, Amando, *Diálogos del teatro español de la posguerra,* Madrid, Ayuso, 1974.

7. Lázaro Carreter, Fernando, *Bodas que fueron famosas del Pingajo y la Fandanga, Gaceta Ilustrada,* Madrid, 20 de agosto de 1973.

8. Lázaro Carreter, Fernando, «Sobre *Flor de Otoño*», *Primer Acto,* núm. 175, Madrid, 1974.

9. Martí Farreras, C., *Los inocentes de la Moncloa, Destino,* Barcelona, 11 de marzo de 1961.

10. Martí Farreras, C., *El círculo de tiza de Cartagena, Destino,* Barcelona, 12 de febrero de 1963.

11. Monleón, José, «*Historia de unos cuantos:* un grito de teatro español», *Triunfo,* Madrid, 26 de abril de 1975.

12. Monleón, José, *Cuatro Autores Críticos,* Granada, Gabinete de Teatro de la Universidad de Granada, 1976.

13. Nieva, Francisco, *Historia de unos cuantos, Informaciones,* Madrid, 14 de abril de 1975.

14. Nieva, Francisco, «Los heterodoxos actuales», *Informaciones,* Madrid, 6 de junio de 1975.

15. Oliva, César, *Cuatro dramaturgos «realistas» en la escena de hoy: sus contradicciones estéticas,* Departamento de Literatura Española de la Universidad de Murcia, 1978.

16. Rodríguez Alcalde, Leopoldo, *Teatro español contemporáneo,* Madrid, Epesa, 1973.

17. Rodríguez Méndez, José María, *Teatro: La tabernera y las tinajas, Los inocentes de la Moncloa,*

Madrid, Taurus, Colección «Primer Acto», 1968. Contiene cinco partes: 1.ª) *El autor:* resumen biográfico; obras por orden cronológico; obras estrenadas (lugar, fecha y reparto); «Lo poco que yo puedo decir», por J. M. Rodríguez Méndez. 2.ª) *La obra:* «Teatro popular: la respuesta de Rodríguez Méndez», por José Monleón; «José María Rodríguez Méndez, irreconciliado y minucioso», por María Aurelia Cammany. 3.ª) *La Pipironda:* «Pequeña historia de La Pipironda» y «Mis estrenos en La Pipironda», por José María Rodríguez Méndez; «Con La Pipironda», por Francisco Candel. 4.ª) *Rodríguez Méndez, articulista:* «El teatro como expresión social y cultural»; «Belleza y realismo»; «El madrileñismo»; «De la crítica». 5.ª) *Obras: La tabernera y las tinajas o Auto de la donosa tabernera* y *Los inocentes de la Moncloa.*

18. RUIZ RAMÓN, Francisco, *Historia del teatro español. Siglo XX,* Madrid, Cátedra, 1977.

19. RUIZ RAMÓN, Francisco, *Estudios de teatro español clásico y contemporáneo,* Madrid, Fundación Juan March-Cátedra, 1978.

20. SALVAT, Ricardo, *El teatre contemporani,* Barcelola, Ediciones 62, 1966.

21. SALVAT, Ricardo, «Alrededor del teatro popular y *La vendimia de Francia,* de Rodríguez Méndez», *Tele-Expres,* Barcelona, marzo 1974.

22. SORDO, Enrique, «Vagones de madera», *Revista,* Barcelona, diciembre 1959.

23. SORDO, Enrique, *Historia General de las Literaturas Hispánicas,* Barcelona.

Nuestra edición

Bodas que fueron famosas... se publicó por primera
vez en «El teatro y su crítica» (Reunión de Málaga
de 1973, Instituto de Cultura de la Diputación Provin-
cial de Málaga), conjunto de conferencias y obras recopi-
ladas por Manuel Alvar, con motivo de las Jornadas ce-
lebradas en los Cursos de Verano en torno al teatro en
la Universidad de Málaga. El texto primero, o sea, el
publicado en «El teatro y su crítica», ha sufrido interpolaciones hechas por el autor en el texto que publicamos
en Ediciones Cátedra. Estas interpolaciones se pueden
observar en las estampas tercera, sexta, séptima y en el
epílogo. Las interpolaciones son abundantes, pero creo
que completan más la estructura del texto y lo ac-
tualizan.

Un lenguaje tan popuar y rico, como ya hemos dicho
que tiene Rodríguez Méndez, necesitaba de unas aclara-
ciones, y algunas hice que aunque le parezcan fáciles al
lector, pensaba también al hacerlas en el lector extranjero y, sobre todo, en la riqueza de contenidos semánticos que un giro o expresión puede acumular a la vez y
definir las intenciones o carácter del personaje.

En lo que respecta a *Flor de Otoño,* el problema es
arduo. La mayor parte del texto está escrito en catalán
vulgar, o en barcelonés fonético transcrito por el propio
autor, junto con dialectalismos de otras regiones españolas. Me he limitado a aclarar de este «barcelonés» foné-

tico, lo que he creído que puede resultar más difícil para el lector español o extranjero, por pertenecer a una clase de hermetismo que puede que hasta enraice con el argot del lumpen del Barrio Chino de Barcelona. Un lingüista tiene, en ambas obras de Rodríguez Méndez, y, sobre todo, en *Flor de Otoño,* un campo apasionante para la investigación. *Flor de Otoño* fue publicada en la revista *Primer Acto,* núm. 175, Madrid, octubre 1974. El texto que publicamos en esta edición es el mismo. No ha sufrido ni cambios ni interpolaciones, quizá debido a que la obra no se ha estrenado aún en teatro, al menos cuando escribo estas líneas, aunque sí se hizo una versión cinematográfica, que apenas tiene nada que ver con el texto escrito.

Bodas que fueron famosas
del Pingajo y la Fandanga

Tragicomedia popular de
José María Rodríguez Méndez

PERSONAJES

El Pingajo	*soldado repatriado de Cuba*
La Fandanga	
El Petate	*expresidario, padre de la Fandanga*
La Carmela	*madre de la Fandanga*
La Madre Martina	*beata y correveidile*
El Salamanca	*compadre de el Petate*
El Tuerto	*tabernero*
El Teniente	*que pertenece al Cuerpo de Húsares de Pavía*

La agüela
La comadre
Un barquillero
Un sargento
Soldado 1.º
Soldado 2.º
Soldado 3.º
El centinela
Cesante 1.º
Cesante 2.º
Empleado 1.º   *del casino*
Empleado 2.º   *del casino*
Empleado 3.º   *del casino*
Una mujer
Otra mujer
Otra mujer
Otra mujer
Una muchacha
Guardias
Soldados
Niños y niñas
Pueblo general

La acción en Madrid, por los años de desgracia de 1898.

«BODAS QUE FUERON FAMOSAS DEL PINGAJO Y LA FANDANGA»

De bellotas y cascajo
se va a armar la bullaranga,
que se casa el tío Pingajo
con su novia la Fandanga.

La madrina será la Cibeles,
el padrino el Viaducto será;
los asilos del Pardo, testigos,
y la iglesia, la Puert'Alcalá.

(Copla popular madrileña.)

ESTAMPA PRIMERA

Arrabales del Madrid de la Regencia. Afueras por donde
«Las Ventas del Espiritu Santo»: casuchas, barracas y
aduares [1] *gitanescos. Ropa tendida y oreada por el viento*
de la meseta, gallinas picoteando en la basura. En un
altozano, bajo la pureza casi primaveral del cielo madrile-

---

[1] *aduares:* tiendas de campaña moriscas, adaptadas al gusto gitano.

57

ño, se levanta «La Venta del Tuerto, Vinos y Aguardientes». Afuera, bajo un encañizado, juegan a la rana cuatro bigardos[2], uno de ellos con uniforme de rayadillo que lleva el brazo sujeto a un pañuelo anudado al cuello, la manga de la guerrera flotante al aire. La pieza de metal, al caer en la boca de la rana, deja oír un sonido alegre y metálico que contrasta con el canto dulce y melancólico de las niñas que juegan al corro en la quieta tarde madrileña.

Coro lejano de niñas:

> En la era patatera[3]
> yo le dije al conductor:
> que toma la Nita y Nita,
> que toma la Nita y No.
> ¡Ay, sí, ay, no...!

Es ahora el sorche de rayadillo[4] quien tira las piezas a la rana. Los otros tres contemplan la tirada. Aquel Pingajo humano tiende su apéndice libre, con ademanes de jugador avezado, hacia la boquita de la rana, que parece mirarle con burla...

Las niñas:

> Estaba la Nita y Nita
> sentadita en su balcón,
> ay, sí; ay, no...
> esperando que pasara
> el segundo batallón.
> Que toma la Nita y Nita, etc.

---

[2] *bigardos:* golfos.

[3] *En la era patatera:* copla popular que revela metafóricamente la era del hambre, o de comer sólo patatas en los años del Desastre (1898).

[4] *sorche de rayadillo:* soldado en término despectivo. Argot popular.

*El sorche ha hecho cinco aparatosas dianas en el orificio
bucal de la rana ante el asombro de los otros compadres
que le miran como si ante ellos estuviera el mismo maestro Lagartijo* [5] *en persona, tal es su admiración.*

El Salamanca. *(Tiene talante de sacristán y lleva
gafas de miope.)* Mi madre..., ¡qué tío! Si no se ve, no
se cree...

El Petate. *(Un viejo agitanado.)* Vaya un brazo
fino que tié el gachó. Pa que se lo hubián malograo en la
Perla e las Antillas [6]...

El Pingajo. *(Que así llaman al sorche del brazo en
cabestrillo.)* Pos esto no es na. Hubián tenío que verme
ustés hace un año pa San Isidro, antes que los del almirante Sempson [7] nos las hicián pasar morá en la manigua [8], entonces, compadres, si de treinta envites [9] erraba
uno, lo hacía pa no dejar mal a la concurrencia...

El Petate. *(Emocionado.)* Hijo; ¿y la misma pun-
tería tenías allá en Ultramar con el chopo? [10]

El Pingajo. *(Muy digno.)* Alto ahí, compadre. Que
uno no ha nacío pa matar cristianos.

E5 Salamanca. ¡Ele...! Así se habla, sí señor...

El Pingajo. *(Muy ceremonioso.)* Bueno..., y ahora.
Tratos son tratos. *(Se vuelve hacia el* Petate.*)* ¿Me se
adjudica o no me se adjudica la doncella?

El Petate. *(Muy serio.)* Te se adjudica. Testigos
son estos caballeros: *(Señala a los otros dos: el* Salamanca *y el* Tuerto, *que no salen de su asombro.)* Apuestas son apuestas. Y zanjao el expediente. Mi Fandanga

---

[5] *Lagartijo:* torero famoso que creó una dinastía y manera
de torear.

[6] *Perla de las Antillas:* la isla de Cuba, llamada así popularmente en la época del Desastre.

[7] *los del almirante Sempson:* los marinos del almirante norteamericano Sempson.

[8] *pasar morá en la manigua:* expresión popular: pasarlo mal en
terrenos cubiertos de maleza en la isla de Cuba.

[9] *envites:* tirada de juego.

[10] *chopo:* fusil, en argot popular.

es pa ti... Y en mejores manos no pueo dejar a la hija de mis entrañas. Mejor novio no lo habrá en toa la faz de la tierra. *(Volviéndose a los otros)*, mejorando lo presente...

EL TUERTO. *(Tabernero y propietario del negocio bebestible.)* Habría que regar estos esponsales. Y la primera convidá pertenece al novio...

EL PINGAJO. Como no me fíes, compadre... Me deben los pluses de campaña [11].

EL PETATE. Esta convidá pertenece al pae de la novia... *(Autoritario, al* TUERTO.) Anda allá y saca un frasco, Tuerto. Y arrima unas tajás de bacalao de Bilbao... Y que no se diga que aquí el compadre Pingajo ganó a mi chica con mala traza, sino con fuero de nobleza, y ustés habéis sío testigos...

EL SALAMANCA. Y así lo atestiguamos como lo que semos... *(El* TUERTO *entra en la venta.)*

EL PETATE. Ea... *(Abriendo los brazos al* PINGAJO.) Y ahora dame un abrazo, yerno e mi alma. Abraza a tu suegro que lo es, que me se está saliendo el alma por la boca. *(Se abrazan los dos compadres y el* SALAMANCA *parece el testigo de esta alternativa taurómaca. Luego del abrazo el* PETATE, *apoyado en la cachava* [12], *se yergue como un patriarca y sermonea al futuro yerno.)* El azar del juego ha hecho que vayamos a emparentar, compadre. El azar es voz de la sabiduría. Tampoco hubiá estao mal que la ruea la Fortuna se hubiá inclinao hacia cualquiá de los otros dos pretendientes, u séase, el Salamanca, aquí presente, u el Tuerto, que hace de buen samaritano. Con cualquiá de vosotros tres se hubiá sentío feliz éste que lo es, y feliz hubiá sío por consiguiente la hija e mis entrañas u séase la Fandanga. Pero ya que la caprichosa suerte a ío a dar en tus manos, tan finas pal envite del juego como habrán de serlo pa las caricias, deja que me congratule y lo celebre. *(Con voz llorosa.)* Dame otro abrazo, compadre e mi alma...

---

[11] *los pluses de campaña:* sobresueldo que se da a la tropa en campaña.

[12] *cachava:* cayado de pastor.

El Pingajo. *(Abrazando a medias a su compadre.)* Un semi-abrazo te pueo dar, pero tómatelo como entero compadre...

El Petate. *(Ha sacado un pañuelo una vez terminado el largo abrazo. Y se seca una lágrima.)* Te llevas el tesoro más grande de este mundo, Pingajo e mi alma. Lo más fino del mujerío de too Madrí. Educá como una señorita, que lo puén decir las Mares Agustinas de Canillejas [13], que la han educao... como eso, como una señorita.

El Salamanca. *(Asintiendo.)* Bien verdad es que tu Fandanga podría poner los pingos [14] en el señorío e los madriles...

El Petate. *(Elevando los brazos como haciendo un conjuro.)* Y te la entrego intazta, como si fua una reliquia. Pero ya sé que a mejores manos no pue ir: manos finas pal tapete verde [15] y pa los billetes de banco. Manos que se negaron al chopo y al machete en la manigua; hechas pal percal de la muleta [16] y el restallar de los «pitos» [17]. ¿Hay mejores manos en too Madrí? Que no, ea... Y déjame que llore, que un padre tié que llorar a la fuerza... *(Sale de la tasca el Tuerto con el vino y el bacalao a tiempo de contemplar el planto lacrimoso del Petate.)*

El Tuerto. ¿En esas nos andamos, compadre? ¿Llorando? Más tenía que llorar un servidor y aquí el Salamanca, que nos habíamos hecho ilusiones vanas. Y en la respectiva a menda ya pensaba que la soleá de estos últimos años se iba a ver aliviá con el buen ver de una moza como tu Fandanga. Pero a lo hecho, pecho, y la

---

[13] *las Mares Agustinas de Canillejas:* Orden religiosa que en Madrid se dedicaba, entre otras cosas, a la educación de hijos de gente señorial.

[14] *los pingos:* presumir, en argot popular.

[15] *manos finas pal tapete verde:* popular juego metafórico que equivale al arte de saber robar bien en las mesas de los Casinos.

[16] *hechas pal percal de la muleta:* giro popular con doble sentido: el de torear bien y el de robar bien.

[17] *pitos:* dedos, en argot popular.

Fortuna es ciega. A manos del compadre, ha ío a parar y de hombres es allanarse. *(Al* Salamanca.) ¿Que no, compadre?

El Salamanca. Y ustez que lo diga... *(El* Tuerto, *mientras tanto ha ido escanciando* [18] *el vino y coloca los vasos sobre una banqueta, así como las raspas del bacalao. Se sientan todos en el banco, excepto el* Petate, *que permanece erguido, llevándose el vaso a los labios mientras parece contemplar las lejanías, por donde todavía llega el quejido musical de la «Nita y Nita».)*

El Pingajo. *(Luego de beber.)* Menda es el primero en lamentar que tan gustoso bocao no puean compartirlo ustés...

El Tuerto. Ahora los perdeores habemos de ahogar las penas en el vino y pensar en otras cosas. Que si nos detenemos a pensar en nuestra esgracia no habría español que se atreviera a echar una copla en estos malos años de nuestras esgracias. Por eso, al mal tiempo buena cara. Y en lo respective al casorio del Pingajo y la Fandanga, soy de la humilde opinión que esa boda tié que ser tan soná como se merece... *(Al oír esto, el* Petate *sale de su contemplación y se vuelve a ellos lleno de orgullo.)*

El Petate. ¿Como sonás? Sonás y resonás van a se las bodas del Pingajo y la Fandanga. Por éstas. Pos estaría de ver que la hija el tío Petate se casara así como así con este héroe de la manigua, que pa mí como si fue general. Brazo fino tié pa general el gachó. Pues sus digo que ni la boda del Alfonso, que en gloria esté con la Tisiquita [19], va a ser tan soná como ésta. Pa que vea el mundo entero que en nuestra España no falta alegría ni majeza. Capaz será éste que lo es de asaltar el Banco de España, o cuando no, de arrancar toas las dentauras postizas de la aristrocacia e los madriles. Pos estaría bueno...

---

[18] *escanciado:* arcaísmo. Echar vino.
[19] *la Tisiquita:* se refiere a la reina Mercedes, primera mujer de Alfonso XII.

El Pingajo. ¡Ele...! Así se habla, compadre. Que entuavía quea oro e las Américas...

El Salamanca. Las bodas tién que ser como las merece el pueblo. (*Al* Petate.) Aquí tiés estos «dátiles» (*señala la mano*) que se han queao un poco agorrotaos dempués de pasar veinticinco años en la trena, pero su dueño los va poner en funcionamiento de moo y manera que no va a haber cartera que se los resista.

El Tuerto. Un servior de ustés aportará to el vino que haga falta pa que nenguno quede sedicnte...

El Pingajo. ¡Ele...!, sí señor. Así se habla. Que los amigos son pa las circunstancias. (*Levantando el vaso.*) ¡Y viva España y que se mueran los yanquis [20]! ...

El Tuerto. (*Correspondiendo al brindis.*) Ahí va este trago. ¡Por el Pingajo y la Fandanga...!

Los otros. ¡Por el Pingajo y la Fandanga! (*Palmotean al sorche, que, palpitante de felicidad, se deja acariciar.*)

El Pingajo. Menúo salto... De beber orines y dormir sobre boñigas [21] a acostarse con la Fandanga en tiempos e paz... (*Levantando la cabeza de pronto.*) Y a too esto, ¿qué hora es, compadres?

El Salamanca. Las cuatro sonás son...

El Pingajo. (*Levantándose.*) ¡Mi madre! ... Tengo que pirármelas [22], que se ma había ío el santo al cielo...

El Petate. ¿Que te tiés que pirar? ¿Es que vas a dejar a la concurrencia?

El Pingajo. Porque tengo que ir a asistir a mi tiniente...

El Petate. ¿A asistir tú? Pero, güeno... ¿Dende cuando un héroe e las Antillas tié que cepillar las botas de naide?

El Pingajo. (*Muy confuso.*) Es que lo manda la ordenanza...

---

[20] *que se mueran los yanquis:* expresión que nos revela el desprecio a los norteamericanos, que por aquel tiempo se apoderaron de la isla de Cuba.

[21] *boñigas:* excrementos del caballo.

[22] *pirármelas:* argot: irse.

El Petate.   Ni hablar, chavea. Tú te queas hoy aquí. Nosotros te relevamos del servicio...

El Pingajo.   *(Echándose la mano libre a la cabeza.)* ¡Mi madre..., que me afusilan...!

El Petate.   ¿Qué ices? ¿Y nosotros pa qué estamos? ¿Pa qué estamos aquí mi compadre el Tuerto y éste que lo es, que fueron los reyes del Hacho Ceuta [23] cuando la flor y la nata de la majeza española estaba confiná en aquellos amenes [24]? Que no hables más, que me desilusionas, chavea...

El Pingajo.   ¿Quién, yo? ¿Desilusionar?... Pero si mi señorito no tié una patá en el..., y hace lo que yo le mando... Yo lo decía porque le tengo voluntá; si no, de que... *(Al Tuerto.)* Ponga otra ronda y me queo...

El Salamanca.   ¡Ele los valientes...! Y ésta corre e mi cuenta... ¡Y vivan los novios...! *(Beben risueños y alegres los compadres.)*

El Petate.   *(Hablando con solemnidad.)* Tres cosas na más hay en este mundo que me tiran a seguir viviendo, y son por este orden: la franela el maestro Lagartijo *(al decir esto se quita la gorra y baja la cabeza),* el vino e mi compadre *(hace una reverencia el Tuerto)* y el brazo fino e mi yerno mi alma pal juego e la rana... Y a ver quién pué mentar otras tres maravillas...

El Salamanca.   Las estocás de Frascuelo [25].

El Tuerto.   *(Interviniendo.)* Güeno, no empecemos. No empecemos ya... Que hoy no va a ser día e disputas...

El Petate.   *(Sigue hablando sin hacer alusión a la mala salida del Salamanca.)* Y mire usté por dónde hoy tenemos aquí dos maravillas del mundo: el tintorro y el brazo el gachó de ultramar, que decía que iba a limpiar las botas a su tiniente. ¡Anda allá...! ¿De dónde, chavea? ¿Esos brazos finos van a emplearse en menesteres

---

[23] *el Hacho de Ceuta:* presidio famoso de Ceuta. Hoy existe. En «El Manolo», sainete de don Ramón de la Cruz, se habla de este presidio.

[24] *aquellos amenes:* giro popular: aquellos lugares.

[25] *Frascuelo:* famoso torero de la época. Él y el maestro Lagartijo eran los más populares.

serviles? Cuando entoavía tiés traza pa plantar cara al maestro e la tauromaquia y, cuando no, pa acariciar billetes en los salones de la mesa verde del Círculo Bellas Artes, pongo por caso...

El Pingajo. Pero también le tira uno la melicia, compadre. Y la güena voluntá a sus superiores.

El Petate. No me vengas con sentimentalismos ahora, yerno e mi alma. Que toos sabemos el respeto que se tié a ese uniforme. Y que a nuestros oídos ha llegao el porqué del mote que te pusieron en las Antillas.

El Pingajo. (*Que se yergue muy fiero.*) ¿De qué mote está usté hblando? ¿De qué mote? Me lo puse yo mismamente cuando me tiraba el cerrao..., pa que se entere. Que poco me importa que los bureles me echaran pa arriba como un pingajo...

El Petate. Y yo te creo... Pero mira si hay malas lenguas en el cuartel, que dicen que el mal nombre de Pingajo te viene de lo siguiente: de que, como no servías pa na en el combate, te plantaban con los brazos abiertos delante los mambises pa que se asustaran al ver tu jeta... (*El Pingajo da una paso a él en actitud amenazadora, y él retrocede y rectifica.*) Que yo no lo digo, compadre y yerno; que son las malas lenguas del cuartel. Que te lo igo pa que no tengas tanto respeto a la melicia. Que yo te idolatro, yerno. (*Aminora el otro su fiereza mientras el* Tuerto *escancia más vino.*)

El Tuerto. Haiga paz, hombre, haiga paz... ¿A santo e qué tenéis que sacar ahora a relucir mote más o menos? Aquí no hay más que el soplar y planear la verbena e la boda... Arriba con el tintorro... (*Beben. El* Petate *se limpia el morro y escupe, sonríe torvamente mirando al mozo de rayadillo.*)

El Petate. ¡Ay compadre e mi alma, y qué jechuras tié el gachó! Cómo me se subleva... Pa pensar en lustrar botas a un señorito... Tú tiés que llegar aonde te mereces, y yo tengo que ayuarte, como aquí mis compadres, que pa eso estamos emparentando... (*Llega en este momento una mujeruca vestida con hábito morado del*

Nazareno. Lleva prendidos en el pecho toda clase de es-
capularios y estampas de Lagartijo y Frascuelo. En la
mano, unos cuantos folletos de profecías, gozos y mi-
lagros.)

LA MADRE MARTINA. *(Con cantinela.)* Las profecías
de la madre Rafols [26]. La llegada al mundo del Espíritu
Santo y el fin de la barbarie antirreligiosa. Por quince
centimitos las vendo, pa los pobres de San Bernardino...
Tengo también escapularios benditos del Sagrao Corazón
y la Inmaculá...

(Los hombres dejan de hablar y la contemplan con ma-
licia. La MADRE MARTINA, *cambiando el tono y con son-*
risa picaresca): Y también tengo a los maestros Lagartijo
y Frascuelo, a dos céntimos la estampa...

EL PETATE. Haber empezao por ahí...

LA MADRE MARTINA. Tengo pa toos los gustos... *(Al*
TUERTO.) ¡Ay!, sácame una copita e cazalla pa ver si me
se pasa esta angustia que llevo...

EL TUERTO. Ya va... Y hoy sales conviá, mae Martina, que estamos de celebración... *(La* MADRE MARTINA
demanda con gestos un rincón del banco y se sienta so-
focada.)

LA MADRE MARTINA. ¡Ay, hacedme un sitio..., que
la cuesta m'ha dejao sin resuello...! ¿Y qué se celebra?

EL PETATE. *(Muy ceremonioso.)* Esponsales... *(El*
TUERTO *entró dentro por la copa de cazalla.)*

LA MADRE MARTINA. *(Fingiendo extrañeza.)* ¿Esponsales? ¿Y de quién, si pué saberse?

EL PETATE. De mi Fandanga e mi alma con aquí el
melitar...

LA MADRE MARTINA. *(Persignándose.)* ¡Ave María
Purísima...! ¿Que vas a casar a esa criaturita de Dios?

EL PETATE. ¿Por qué te asombras, beatona?

LA MADRE MARTINA. ¿No me voy a asombrar? Si
entoavía es un angelito...

---

[26] *la madre Rafols:* profetisa catalana de finales de siglo. Se
publicaron sus profecías y predijo la guerra civil española. Era
también monja.

EL PETATE. Hizo los trece por San Cayetano...

LA MADRE MARTINA. ¿Y lo sabe la Carmela? *(Cogiendo la copa que le trae el* TUERTO.*)* Gracias, hijo; que Dios te lo pague...

EL PETATE. ¿Y qué contra le importa a la Carmela? El padre es quien decide...

LA MADRE MARTINA. *(Echándose la copa al coleto.)* Pos a la saluz del matrimonio... *(Luego de beber.)* Madre Santísima de la Esperanza... La Fandanga... Cuando una l'ha tenío en los brazos... ¡Ay, cómo pasa el tiempo! *(Al* PINGAJO.*)* Que te aproveche, mozo. *(Se levanta.)* Y ahora me voy ... A ver si me estreno...

EL SALAMANCA. ¿Ya te vas?

LA MADRE MARTINA. A ver si la Virgen Santísima quié que me estrene...

EL TUERTO. ¿Pos no venías tan cansá?

LA MADRE MARTINA. Los probes no poemos descansar...

EL PETATE. Lo que vas a correr el cuento por el barrio... Mía por donde ya tenemos pregonero...

LA MADRE MARTINA. *(Volviéndose cuando ya salía.)* Voy a hacer un mandao en ca unas señoritas de bien... A la Cuesta San Vicente...

EL PETATE. *(Riendo con mala intención.)* ¿Y qué mercancía llevas a esas señoritas? ¿Polvos del pae Claré? [27] *(Risas de los otros.)*

LA MADRE MARTINA. *(Muy enfurecida.)* Tus hígaos envenenaos, compadre... Tu lengua, que debía estar en la boca e los perros... Llegará un día en que tengáis que ir rezando el rosario por las calles... Aquí lo dice una santa de estos tiempos... ¡Ay, quién pudiá verlo...! *(Los otros siguen la burla...)*

EL PETATE. Pero vuelve acá, beatona... Tómate otro trago...

LA MADRE MARTINA. *(Ya desde fuera.)* ¡Te la metes

---

[27] *Polvos del pae Claré:* se refiere a San Antonio María Claré, confesor de Isabel II. Tiene la frase una irónica y doble intención.

aonde te coja, camastrón[28], guaja[29]...! *(Crecen las risas.)*
EL SALAMANCA.   Tié chiste la vieja...
EL PETATE.   Esa... Es más lista... Tié guardaos doblones de los de América. Esa, esa...
EL TUERTO.   Nos da ciento y raya a nosotros...
EL PETATE.   Yo estoy siempre de broma con ella... Ahora va con el cuento a la Carmela. Pa eso la convidamos... *(Guiñando un ojo al* TUERTO.*)* ¿No es así, compadre? *(El* TUERTO *asiente guiñando otro ojo. El* PETATE *coge un vaso y se lo lleva al* PINGAJO.*)* Echa otro trago, Pingajo e mi alma... Y no amurries la jeta[30], gachó..., que muchos quisián estar en tu pellejo... Vas a ver qué migas te aderoza mi Fandanga y cómo te vas a chupar los dátiles. S'acabó el cucharón y paso atrás[31]... Ni sonás que las vamos a hacer... Con capa esclavina y revueltas colorás y pantalón ajustao quieo verte... O cuando no, si te tira el uniforme, de brigadier con entorchaos[32]... Lo vas a ser, por mi madre... Te lo juro que lo vas a ser... Si en este año de mil ochocientos noventa y ocho s'ha acabao nuestro poderío melitar, según dicen los papeles, en este año también va a empezar el reino e Jauja en la tierra... ¡A vivir!, ¡que la vía es corta! ¡Y que viva la España irridenta...!
LOS TRES.   *(Levantando el vaso y con mucha sorna.)* ¡Viva...! *(Las risas enlazan con el canto de la «Nita y Nita» infantil, mientras se hace el oscuro.)*

---

[28] *camastrón:* disimulado o astuto. En este contexto puede tener también sentido de «viejo verde».
[29] *guaja:* granuja, golfo.
[30] *amurries la jeta:* frunzas el ceño. Expresión suburbial.
[31] *cucharón y paso atrás:* frase militar, que aludía al modo de distribuir el rancho, puestos los soldados en hilera, y retrocediendo al recibir el cucharón de bazofia. («Bazofia»: comida mala.)
[32] *brigadier con entorchaos:* un grado militar de la época, hiperbolizando el grado de brigada.

ESTAMPA SEGUNDA

Interior de la cueva. Al fondo, la entrada que tapa una
cortinilla de estera. Paja y jergones. Sartenes y cacerolas.
A la izquierda un anafre [33] *de donde sale un tufo de ga-*
llinejas fritas. Objetos heterogéneos. En la pared terriza,
estampas de la Virgen del Carmen y de Lagartijo.
La CARMELA *cose sentada en una desvencijada silla de*
paja, junto a la puerta, aprovechando el hilillo de luz
que atraviesa la cortinilla. En el rincón, junto al anafre,
el bulto negro de una bruja, avienta las brasas con un
soplillo. Llega desde fuera el continuo canto de la «Nita
y Nita», que se acompasa a los suspiros de la vieja gui-
sadora. Se alza de pronto la cortinilla de la entrada y
aparece la visión mística de la MADRE MARTINA.
A la CARMELA *se le ilumina el rostro.*

LA MADRE MARTINA.   Ave María Purísima...
LA CARMELA.   Sin pecado concebida sea por siempre... Amén... Pasa, madre, y sosiega un ratito... Aquí
estoy de costura... *(Entra la beata y busca donde sen-*
tarse, haciéndolo en un montón de sacos destripados [34].)
LA MADRE MARTINA.   *(Dirigiéndose a la bruja que*
guisa.) Buenas tardes dé Dios a la agüela...
LA AGÜELA.   Grmmmmm...
LA CARMELA.   ¿Qué traes de bueno por estos andurriales?
LA MADRE MARTINA.   A darte los parabienes vengo.
LA CARMELA.   ¿Parabienes dices? Si así llamas a la
miseria que nos envía Dios Nuestro Señor, razón llevas...
LA MADRE MARTINA.   ¿Y no habían de ser parabie-
nes los que te ha de traer el casorio e tu chica?

---

[33] *anafre:* hornilla.
[34] *sacos destripados:* sacos rotos.

La Carmela. *(Deja de coser.)* No te he oído bien...
¿Quieres hablar más alto?

La Madre Martina. Te estoy hablando del casorio de tu chica, la Fandanga.

La Carmela. ¿Qué casorio?

La Madre Martina. A ver si no vas a estar diquelá [35] de lo acontecío...

La Carmela. Por mis muertos que te juro que no sé de qué me hablas...*(Como quiera que el freír de las gallinejas y un canturreo espeso de la bruja, que da cabezadas junto al hornillo, dificulta las palabras, la Carmela, sin levantarse, arrastra su silla hasta pegarse a la beata.)*

La Madre Martina. Pues en la venta el Tuerto anda tu Petate celebrando el compromiso. A mí me conviaron a aguardiente.

La Carmela. Pero, ¿qué compromiso? Explícate, mujer... *(Se vuelve a la bruja.)* ¿Está usté oyendo, madre? *(La agüela gruñe de nuevo y avanza lenta hacia las dos mujeres.)*

La Madre Martina. *(Habla con suavidad monjil muy estudiada y artera.)* Pues otra cosa no te sabré decir, sino que tu hombre acaba de decirme que ha comprometío en matrimonio a tu Fandanga con uno que lleva uniforme de sorche y al que dicen, por mal nombre, el Pingajo... *(La Carmela levanta la cabeza asombrada.)*

La Carmela. ¿Oye usté esto, madre? ¿Está usté oyendo? Aluego dirá que no me conformo con mi suerte y ando maldiciendo la tierra y el cielo con este hombre que me eché [36], que me está empujando a la fosa... *(La voz se le quiebra de dolor.)* Lo que se le ocurre ahora a ese presidiario: no escuchar consejo de madre, pa entregar a la hija e mis entrañas al primer guaja que encuentra por esas tascas... *(Se mesa el cabello.)* Pero, Virgen Santa e la Paloma, ¿por qué no me llevas contigo? ¿Por qué?

---

[35] *estar diquelá:* estar enterada. Argot.

[36] *este hombre que me eché:* expresión popular, muy gráfica, equivalente a «este hombre con el que estoy casada, o me acuesto con él sin estar casada».

La Madre Martina. Hija, cálmate... Pues sí creí que estabas tú al tanto de lo acontecío... ¿Iba yo a venirte con cuentos si no hubiá creío que ya diquelabas en la cuistión? Así resulta que el tío Petate te busca las vueltas pa hacer de su capa un sayo [37], sin pararse a mirar en los hijos de Dios. Es una señal de los tiempos bárbaros que corren. Bendita sea la Madre Rafols, que ya anuncia el final de esas desgracias... (*La beata tose atragantada por el humazo de las gallinejas que se queman en la sartén.*)

La Carmela. ¡Ay mi hija e mis entrañas! ¡Que quien robármela...! ¿Qué ice usté, madre?

La agüela. (*Clavando sus ojos en la beata.*) ¿Hay parneses [38] por el medio?

La Madre Martina. ¿Parneses dice usté, agüela? El novio es un melitar sin graduación, por lo que han visto estos indinos ojos. Chiste tendría que un pillo de ésos tuviá parneses, cuando no los tié ni el mismo general Veiler [39], al decir de los que saben... (*Angustiada la madre, salió de la cueva y volvió abrazando a una chiquilla de trece años, mugrienta, que se lleva un pirulí a la boca.*)

La Carmela. (*Presentando a su hija a las mujeres, forma la figura de un tapiz medieval y patético.*) Mirad, mirad y decirme si esta criatura de Dios merece que la deshojen tan temprana [40], como un capullito en flor... (*Da grandes besos a la pequeña, que se debate asustada.*) Miren si no habrán de pasar por encima e mi cadáver antes e que consienta semejante crimen... (*La beata mueve la cabeza cariacontecida, mientras la bruja permanece meditabunda.*)

La Fandanga. (*Debatiéndose entre los brazos de su madre.*) Déjeme ir a jugar, madre...

---

[37] *hacer de su capa un sayo:* ir a su avío (o lo que es igual: is cada uno a lo que le conviene).

[38] *parneses:* dinero.

[39] *general Weiler:* capitán general del 1898 que estuvo en la guerra de Cuba y Filipinas.

[40] *la deshojen tan temprana:* expresión metafórica, muy poética, sobre el acto de perder una muchacha la virginidad.

La Carmela. *(Besándola enloquecida.)* Hija e mis entrañas... Paría con tanto dolor y miseria...

La Madre Martina. Mujer..., que vas a asustar a la chica...

La Fandanga. Güeno, madre..., que me suelte... *(La chica chupa el pirulí y mira con bobotes ojos de pepona de feria.)*

La Carmela. No salgas, mi vía. Quéate aquí dentro a jugar, no sea que te vaya a coger el «sacamantecas», ¿es que no has oío hablar del sacamantecas[41]? *(La Carmela se ha dejado caer en la silla, sin dejar de sujetar a la pequeña, que gimotea.)*

La Madre Martina. Hija, pero quién sabe si tus temores van a ser infundaos, ni tampoco si la Divina Providencia ha querío encaminar el casorio pa bien...

La Carmela. ¿Cómo va a ser pa bien? ¿Cómo va a hacer algo a derechas mi Petate? ¡Ay, madre mía, mi hija...! *(Al echarse las manos a los cabellos para mesárselos de nuevo, la niña escapó y se fue a cantar la «Nita y Nita».)* ¡Hija...! *(Se vuelve ahora a la bruja.)* ¿Qué hacemos? ¿Qué hacemos? Aconséjeme, mi madre... *(Se vuelven las dos a mirar a la vieja.)*

La Agüela. Unas hierbas malas aderezás pal que consintió eso...

La Madre Martina. *(Persignándose.)* Ave María Purísima... Bendita madre Rafols, pon tu mano poderosa... *(La vieja, después de otro gruñido, se fue a echar una mano a las gallinejas, que se quemaban. Removiéndolas, la vieja habla sola.)*

La Agüela. Un zumo e beleño en el caldo y el «gorigori» a las doce el Ángelus...

La Carmela. *(Llena de fiereza.)* Capaz soy de darle a mamar esas hierbas al creminal que me ha hecho desgraciá si mantiene su palabra. ¡Por éstas!

La Madre Martina. *(Que se vuelve a persignar.)* ¡Ay tiempo de desgracias y bien de desgracias, que por

---

[41] *sacamantecas:* personaje de la crónica de sucesos truculentos, que afirmaban secuestraba a los niños para chuparles la grasa.

un lao cañonean nuestros barcos y por otro nuestra honra! Así va nuestra España dando tumbos a la fosa común, aonde iremos toos a parar...

La Carmela. *(Llorando inconsolable.)* Casar a mi Fandanga, a mi Fandanguita, con el primer guaja que se le ha venío a las manos. ¿Y qué pinta esta tarasca aquí [42], que ni consejo tié que dar pa la feliciá e su chica? ¿Es que no la parí yo? ¿Es que no tuve que apretar un pañuelo de yerbas en la boca, madre, cuando me vi en aquel trance? ¿Y pa esto tié una que sufrir y malcomer, y pedir de puerta en puerta pa las Madres Agustinas de Canillejas, que la enseñaban labores finas como si fuá una señorita de la cae el Arenal? ¡No hay Dios! Lo que pasa es que no hay Dios...

La Madre Martina. *(Levantándose y tapándose los oídos.)* Calla, calla mujer, que no temes al Señor... No me hagas oír esas blasfemias. *(Elevando los ojos al cielo.)* Señor, en reparación y desagravio: Padre Nuestro que estás en los cielos, santificao sea tu nombre, vénganos el tu Reino, hágase tu voluntad así en la tierra como en el cielo...

La Agüela. El pan nuestro de cada día... *(Sigue en tono bisbiseante. La Carmela sigue sollozando y mesándose los cabellos.)*

La Carmela. Pus no lo voy a consentir. ¡Ea! ¡No consentiré que se lleven a la hija e mis entrañas. Pasarán antes por mi cadáver. ¿Pa qué quiero vivir, si he de ver a la hia e mis entrañas en el lupanar?

La Madre Martina. Pero, hija ten calma y mira primero si no será la mano del Señor la que marca el camino a esa tierna ovejita...

La Carmela. ¡No hay Dios...! ¡No hay Dios...!

La Madre Martina. Ave María Purísima... *(Empezaba ya de nuevo con el rezo, cuando se levanta la cortinilla para dar paso a los tres granujas: el Petate, el Pingajo y el Salamanca, que llegan suficientemente*

---

[42] *esta tarasca aquí:* tarasca, mujer grande y peleanta. Sentido figurado.

«ajumados» [43] *como para no percatarse de la situación. Traen botellas de vino en la mano. El tío* PETATE *está en medio, apoyándose en la cachava [44] como un patriarca bíblico. Es él quien percibe en seguida a la beata.)*

EL PETATE. *(Señalando con la cachava a la de los escapularios.)* ¿No sus lo dije? Ahí la tenéis... Ya vino con el cuento, la beatona. U séase [45] que no hay más que añadir... Pasar y acomodarse como queráis... *(A la* CARMELA.*)* ¿Adónde anda la chica? *(La* CARMELA *se lanza como una leona contra su hombre e intenta arañarlo.)*

LA CARMELA. ¡Creminal, canalla, hijo e mala madre...! *(El tío* PETATE, *que no se mantiene muy derecho, vino a tambalearse ante la acometida de la hembra, y tienen que sujetarle los compadres. Una vez rehecho, enarbola la cachava y corre tras de la mujer, que asustada va a hacerse un ovillo en el rincón, junto a la vieja. Ante los horrorizados ojos de los que contemplan la escena, el borracho levanta la cachava para partirle la cabeza.)*

LA CARMELA. ¡Socorro...! ¡Que me mata...! ¡Socorro...! *(Oportunamente la bruja se interpone entre el hombre y la mujer, blandiendo la sartén llena de sebo ardiente y dispuesta a quemarle la cara al agresor.)*

LA AGÜELA. Ahora te dejo ciego, hijo e satanás... *(El rufián tiene que retroceder. Disfraza su impotencia con una sonrisa.)*

EL PETATE. Habráse visto la Genoveva e Brebante [46] ésta... Esperarse, que ya la cogeré a solas y aprenderá la licción... Por reverencia a su anciana madre, lo dejo pa luego... *(Mientras tanto la beata se deslizó fuera y la vieja volvió a su guiso, mascullando maldiciones... El* PETATE, *a los compadres, que siguen en la puerta.)* Pero pasar y a sentarse aónde podáis y no sus estéis ahí como pasmarotes. Otra cosa no tengo que ofreceros...

---

[43] *ajumados:* borrachos.

[44] *cachava:* véase la nota 12.

[45] *u séase:* expresión vulgar equivalente a «o sea».

[46] *Genoveva e Brebante:* Genoveva de Brabante, personaje melodramático de una novela de las llamadas «novelas por entregas», que se leía mucho.

EL SALAMANCA. Estás cumplío, hombre... (*El* PIN-
GAJO *y el* SALAMANCA *se sientan donde pueden y dejan
las botellas de vino en el suelo.*)

EL PETATE. Me cachis [47] en mi negra suerte con la
leona ésta que me eché... (*Enarbola de nuevo la cachava,
y la vieja la sartén. Al punto, el uno baja la cachava y la
otra vuelve al fuego la sartén.*) ¿Y aónde está la chica?
La quiero ver aquí en seguía. ¿Me estáis oyendo? (*Levanta la cortinilla y llama.*) ¡Fandanga!, ¡Fandanga...!
(*Aparece al fin la beata, llevando de la mano a la* FAN-
DANGA.)

LA MADRE MARTINA. Aquí tiés a la chica... No gri-
tes tanto, que no semos sordos... (*El* PETATE *acaricia a
la pequeña, que sonríe. La* CARMELA, *en el rincón llora
apesadumbrada, mientras la vieja sigue con su guiso.*)

EL PETATE. Ven aquí, entrañas mías. Que ya sabes
que tu pae te quié más que la niña e sus ojos... ¿Y tú
quiés a pare?

LA FANDANGA. Chiiii...

LA MADRE MARTINA. ¿A quién quieres más: a padre o a madre?

LA FANDANGA. (*Sonriendo y con picardía.*) A padre...
(*Suben de tono los sollozos de la* CARMELA. *La beata va
ahora a consolarla. La otra se vuelve de espaldas, ra-
biosa.*)

EL PETATE. (*Llevando a su hija hasta el sorche.*)
Anda, da un beso a este señor, que te quié mucho y te
va a llevar con él...

LA CARMELA. No..., no... (*La beata procura tran-
quilizarla.*)

LA FANDANGA. (*Mirando al* PINGAJO.) ¿Quién es?

EL PETATE. Un señor que te quié mucho... (*El*
PINGAJO *saca del bolsillo un pirulí y se lo ofrece sonrien-
te. La niña lo coge en seguida.*) ¿Cómo se dice?

LA FANDANGA. Gracias...

EL PETATE. Anda, ahora dale un beso. ¿No quiés
darle un besito? (*La niña acuciada por su padre, da un*

---

[47] *me cachis:* expresión popular que aquí tiene un valor semántico equivalente a «contrariedad» o «coraje».

beso en la mejilla al PINGAJO, *que la planta otro. La*
CARMELA, *al ver aquella ternura, parece calmarse un
poco.)*

EL PINGAJO.   Dime, ¿cómo te llamas?

LA FANDANGA.   Conchuelito Marqués, pa servil a
Dios.

EL PETATE.   (*Interrumpiéndola.*) ¿Qué es eso de
Conchuelito? ¿Cómo te llamas de verdad?

LA FANDANGA.   (*Sonriendo y con la boca llena.*) Fandanga... (*El padre se la come a besos. Luego la recoge el
pelo con su manaza.*)

EL PETATE.   Te vamos a vestir de novia y vas a estar
muy guapa, reguapa...

LA MADRE MARTINA.   ¿Es que la vas a casar por la
Iglesia?

EL PETATE.   (*Soltando una ruidosa carcajada.*) Amos,
anda [48]... ¿Qué te has creío?... Por la Vicaría e los
Gatos [49], como se han jecho siempre los casorios de mi
linaje... Rompiendo el puchero [50]. (*La* MADRE *se persig-
na horrorizada. La* CARMELA *parece ya más calmada y se
limpia las últimas lágrimas con la esquina del delantal.*)

LA CARMELA.   (*En voz queda, a la beata.*) Pos el chico
paece fino...

LA MADRE MARTINA.   ¿Lo estás viendo? Too no van
a ser desgracias...

EL PETATE.   (*Al* PINGAJO.) Pos aquí tiés lo que te
toca, compadre. Y delante estos testigos, que son el Salamanca y la mare Martina, te la ofrezco pa esposa pa
toa la vía... Ya ves tú qué rosita temprana te llevas,
compadre. Mía lo que trae el juego. Mía cómo tu ha-
bilidaz en el juego e la rana se ve recompensá con estas
carnes prietas y esta piel de nieve, que parece mismamente requesón fino e la sierra. Pa ti pa toa la vía. Pa

---

[48] *Amos anda:* expresión popular madrileña equivalente a «vamos, anda». Semánticamente equivale a algo no creíble.

[49] *la Vicaría e los Gatos:* dicho popular que quiere decir casarse sin ir a la Vicaría o Juzgado.

[50] *Rompiendo el puchero:* costumbre gitana que se hacía después de pasar y formalizar el casamiento en la Vicaría. Romper
el puchero, equivale a romper una vasija de barro.

que veas quién es tu compadre. El Petate. Y ahora sólo falta concertar el día del casorio. Y, entre tanto, amos a festejarlo en esta casa que lo es... Po ahí suena el rumor de una fritura o gallinejas, y vino no falta. Tos estáis convidaos. He dicho. *(La* CARMELA *se había levantado de su rincón y se acercó al sorche para contemplarlo. Parece no disgustarla del todo.)*

LA CARMELA. *(Al* PINGAJO, *mientras acoge a la niña en su regazo.)* Es tan inocente la pequeña entoavía... Anda con las monjas e Canillejas. Pero bien se ve que usté procede de buena cuna. *(Llora ahora lánguidamente.)* Lo que pasa es que una madre es una madre.

EL PETATE. *(Con sorna.)* Genoveva e Brebante... *(Volviéndose a la vieja.)* Usté: a ver esas gallinejas... Y poéis ir poniendo los manteles.

EL SALAMANCA. *(Que ha sacado de debajo de su blusa un frasco de aguardiente.)* Miá lo que mangué[51] en la venta, compadre...

EL PETATE. ¡Ele...! Así se entra con buen pie. Tampoco tú hubiás sío mal yerno, compadre... *(Coge la botella de anís y se la muestra a la vieja.)* Anisete del que a usté le gusta, agüela... *(La vieja se relame, y con ello se derrumba esta última defensa patriarcal. La* CARMELA, *muy diligente, prepara una mesa con cajones y la vieja da la última vuelta a las gallinejas.)*

LA CARMELA. *(A la beata.)* No te vayas, madre. Prueba antes las gallinejas. Pa que te se quite el sofoco... *(La* MADRE MARTINA *hizo un mohín y se sentó. La vieja coloca sobre la mesa improvisada la sartén de gallinejas. Al* PINGAJO): De haberlo conocío en denantes, me hubiá ahorrao la sofoquina... Sus ojos dicen que es usté un alma güena...

EL PETATE. Le condecoraron en las Antillas sin disparar un tiro...

LA CARMELA. *(Cruzando las manos.)* Madre mía de los Dolores, si tendrá mérito...

EL PINGAJO. *(Modestamente.)* En el cuartel me señalan paga e sargento.

---

[51] *Miá lo que mangué:* mira lo que robé.

La Carmela. (*A la beata.*) Ahora comprendo que Dios es misericordioso, y yo lo negaba. Pecaora de mí, que lo negaba. (*El* Petate *levanta ahora, aunque en son de broma, la cachava, y simula un golpe en la cresta de su mujer. La vieja se apodera de la botella de anís y se echa un gran lingotazo mientras se hace oscuro.*)

Estampa tercera

Zaguán del cuartel. Un centinela apoyado en el fusil cabecea somnoliento. Espatarrados en un banco, dos o tres sorches de la guardia fuman, dormitan y cuentan chistes. La luz sucia de las paredes agiganta sus siluetas. En el cuerpo de guardia, el señor Teniente, *arrellanado en la butaca, se ha quedado dormido. El sable, como un rayo de plata, cae hacia un costado. En el regazo las hojas abiertas del novelón de Luis de Val. Sólo sus bigotes tiemblan al unísono de los ronquidos.*
El Pingajo *llega, arrugado, tambaleante y lleno de hipo, hasta donde están los soldados, sin que el centinela repare en él. Los soldados le reciben con chunga.*

Soldado 1.º   ¡La madre que me parió! Guipar cómo viene ese gachó...

El Pingajo.   (*Saludándoles con sorna.*) A las órdenes de vuecencia mi general... ¡Plam! (*Se queda firme, tambaleante, con la mano puesta en la sien, como mandan las ordenanzas. Los soldados se desperezan, relamiéndose de gusto ante aquel entretenimiento.*)

Soldado 2.º   (*Siguiendo la farsa.*) Baje usted la mano, coronel... ¿De qué casa e zorras viene usted a estas horas de la madrugá?

El Pingajo.   D'en ca [52] mi novia, paisano general...

---

[52] *D'en ca:* de casa. Expresión muy vulgar, propia de persona analfabeta.

78

SOLDADO 3.º   La ley que me dieron, tú... ¿Habéis oído la noticia? Que el gachó se ha echao novia... ¿Y quién es la agraciá, si pué saberse?

EL CENTINELA. *(Chistando a los soldados.)* ¡Chisss...! A ver si sus calláis, que han tocao silencio... *(Las voces se hacen susurrantes.)*

SOLDADO 2.º   Ven acá, Pingajo... A ver, dinos: ¿Cómo asustabas a los mambises? [53] Abra los brazos... ¡Ar!

PINGAJO.   Que los abra la púa e tu madre, so mamón.

SOLDADO 1.º al 2.º   Déjale, que está ajumao...

SOLDADO 2.º   Por eso... *(El SOLDADO 2.º abre los brazos imitando al espantapájaros y da vueltas alrededor del PINGAJO diciendo):* ¡Huuhh! *(Los otros le imitan, y los tres granujas envuelven en sus revoloteos de murciélago al pobre PINGAJO, que intenta dirigirles un puñetazo sin éxito, para acabar cayéndose al suelo entre las rodillas de sus compañeros.)*

EL CENTINELA.   ¡Que sus calléis..., me cauen la leche, que me van a pelar, y sus pelo yo antes...! *(Los encara con el fusil. Los soldados se divierten con el pobre PINGAJO. Le arrancan el bonete de la chola y le dan coscorrones muy divertidos.)*

SOLDADO 1.º   *(Canturreando.)* Quinto levanta, tira de la manta. Quinto cabrón, tira del mantón.

SOLDADO 1.º   ¡Aayy...! *(Este chillido largo proviene del mordisco que le ha dado en el tobillo el PINGAJO. El mordido se lanza sobre el mordedor, y los otros le ayudan a darle de puñadas sin respeto al brazo roto. El PINGAJO chilla. El pobre centinela no sabe qué hacer, y parece dispuesto a disparar el arma. Afortunadamente, llega de improviso un SARGENTO con el uniforme arrugado, las cartucheras aplastadas y la cara boba de quien sale del sueño. Lleva en la mano un correón doblado y casi sin abrir los ojos, ni reparar en quién da, empieza a suministrar zurriagazos a granel, mientras el CENTINELA,*

---

[53] *mambises:* guerrilleros cubanos.

79

con un suspiro, vuelve a su puesto muy tieso. Aún tardan un rato los contendientes en sentir los escozores del cuero. Pero cuando ven ante sí al SARGENTO *se ponen firmes. Sólo queda en el suelo el* PINGAJO, *que se tapa la cabeza con su brazo sano, para evitar los golpes que caen sobre él.)*

EL SARGENTO.   ¿Otra vez tú, so calamiá? ¿Otra vez tú..., Pingajo y Repingajo? *(Los otros se ríen contemplando esto. En su guarida despertó el señor* TENIENTE, *y acude a ver lo que sucede.)*

EL TENIENTE.   ¡Eh..., sargento..., sargento...!

EL SARGENTO.   *(Cuadrándose ante el* TENIENTE.) A las órdenes de usté.

EL TENIENTE.   *(Señalando al* PINGAJO.) Tráeme a ese sujeto ahora mismo.

EL SARGENTO.   Por ahí te llaman... *(El dolorido* PINGAJO *se levanta, restregándose la cara, y muerto de miedo, se cuadra ante el* TENIENTE, *mientras los otros sonríen divertidos.)*

EL TENIENTE.   *(Al* PINGAJO.) Ven acá, pollo, que te tengo que dar un recaíto a la oreja... *(El* TENIENTE *coge por la oreja al* PINGAJO *y lo arrastra dentro. Los otros soldados se acercan con ánimos de asistir a la escena.)* ¡Fuera..., fuera de aquí...! Que no sus vea a tres leguas... Tú *(al* SARGENTO), espántame las moscas y que haiga orden [54]...

EL SARGENTO.   A sus órdenes... *(El* SARGENTO *se lanza contra los otros enarbolando el zurriago y sacudiéndoles hasta llevárselos por delante.)*

EL TENIENTE.   *(Que ha arrastrado al* PINGAJO *hasta el cuerpo de guardia, se planta en jarras ante él.)* ¿De dónde vienes a estas horas, pimpollo?

EL PINGAJO.   *(Señalando el brazo en cabestrillo y con voz llorosa.)* M'han vuelto a partir el brazo...

EL TENIENTE.   Pos ahora te voy a quebrar yo el otro, sinvergüenza, golfante... ¿A ti te parece bonito abando-

---

[54] *que haiga orden:* que haya orden. Revelación de la incultura del teniente.

narme estando de servicio pa marcharte por ahí de naja[55], como si fuas el general?

EL PINGAJO. La culpa de too la tién las mujeres, mi tiniente...

EL TENIENTE. (*Interesado.*) ¿Las mujeres? ¿Así que has andao de zorreo por ahí, so guaja? (*Pausa.*) ¿Y cómo estaba la prójima?

EL PINGAJO. (*Relamiéndose.*) De rechupete, mi tiniente...

EL TENIENTE. Pos ya me poías haber traío un peazo pa probarla, so egoísta.

EL PINGAJO. (*Arrastrándose a esta tabla de salvación.*) Se la traigo mañana. Trece abriles, mi tiniente...

EL TENIENTE. (*Que se ha aplacado lentamente, se sienta.*) Qué puñetero... Cuenta, cuenta...

EL PINGAJO. Apretaíta de carnes, apretaíta, mi tiniente, que da gusto verla... Intazta, pero intazta...

EL TENIENTE. (*Vuelve a montar en cólera.*) ¿Y no te da vergüenza suministrarte a una chavaliya así, granujón?

EL PINGAJO. Si me la da su padre...

EL TENIENTE. (*Asombrado.*) ¿Que te la da su...?

EL PINGAJO. (*Con orgullo.*) Me la gané jugando a la rana...

EL TENIENTE. (*Totalmente enfurecido.*) ¿Será trolero el tío?... Y la jumera que trae, y entoavía me toma por tonto y yo me lo voy a creer... Te voy a eslomar...

EL PINGAJO. (*Retrocediendo.*) No... No..., que mañana la ve usté. Se lo juro por toos mis muertos... Que mañana se la traigo...

EL TENIENTE. Es que si mañana no me la traes, doy parte por escrito pa que t'afusilen por desertor... Miá éste...

EL PINGAJO. Mañana la tié usté en su casa, como me llamo...

EL TENIENTE. (*Interrumpiéndole y con sorna.*) Pingajo...

---

[55] *naja:* argot popular: irse. En este contexto significa: irse libremente.

El Pingajo. (*Bajando la cabeza.*) Sí, señor..., como que me llamo Pingajo. (*El* Teniente *se sonríe, relamiéndose de gusto ante aquella perspectiva. Pero al instante vuelve a enfurecerse.*)

El Teniente. Pero bueno..., y eso de dejar abandonao a tu teniente too el día, ¿qué?

El Pingajo. (*Suplicante.*) La culpa la ha tenío esa mujer...

El Teniente. ¿Esa mujer? Pos primero soy yo, tu superior, tu amo... Espera, que no te vas a ir de rositas [56]...

El Pingajo. (*Lloriqueante.*) No me pegue usté, que tengo el brazo partío...

El Teniente. No te preocupes, que no te daré en el brazo... (*Señala un lugar de la pared.*) Anda..., tráeme el código de Justicia Militar... ¿Me has oío? (*El* Pingajo *va a la pared y descuelga el «código de justicia militar», que no es otra cosa sino una buena fusta.*) Amos a ver si eres tan macho aquí como con las chavalas de trece primaveras... Abajo la chola [57]... (*El* Pingajo *obedece y se coloca en posición, presenta sus redondas posaderas al* Teniente.) Amos a ver cómo suena este tambor que ya hace tiempo que no lo habemos oío... (*Empieza a descargar los fustazos en el pompis del* Pingajo.) Ran..., rataplam..., ran..., rataplan..., plam..., plam..., plam... (*El* Pingajo *aguanta la tunda guiñando los ojos. El* Teniente, *luego de descargar los golpes.*) Bueno..., por hoy basta... (*El* Pingajo *se yergue y no puede por menos de llevarse la mano a la parte dolorida, mientras el* Teniente *sonríe y cimbrea el zurriago.*) Qué..., ¿pica?

El Pingajo. (*Bromeando.*) Regular...

El Teniente. ¡Qué chulapo eres!... La otra ración te la dejo pa mañana si no me traes ese bombón...

El Pingajo. Se la traigo... Por mis muertos que se la traigo...

El Teniente. Júramelo...

---

[56] *no te vas a ir de rositas:* no te vas a ir libremente, sin castigo.
[57] *Abajo la chola:* en sentido popular: bajar la cabeza.

El Pingajo. Que me quede muerto aquí mismo si no se la traigo...

El Teniente. (*Que sigue amenazador, agitando la fusta.*) Es que si no me das ese gustazo, me daré yo el gusto de darle al tambor [58]... ¿Estás?

El Pingajo. Sí, mi tiniente... Descuide usté...

El Teniente. (*Entregándole la fusta.*) Ahora vuelve a su sitio el código de justicia militar... (*El* Pingajo *obedece de buen grado.*)

El Pingajo. (*Con un suspiro de satisfacción.*) Que se quede colgao pa toa la vía...

El Teniente. Ya te se ha pasao la jumera. No hay otra cosa que cure mejor que el palo. Si en los ejércitos hubiá más palo no nos habrían zumbao los yanquis.

El Pingajo. Y usté que lo diga.

El Teniente. (*Ha vuelto a sentarse. El* Pingajo, *en pie delante suyo.*) Bueno; ahora prosigue... ¿Está apretaíta?

El Pingajo. Mañana la rompemos el virgo entre usté y yo. (*El* Teniente *ha sacado una botellita de aguardiente y se echa un trago.*)

El Teniente. (*Luego de beber y ofreciéndole al asistente.*) Anda, echa un trago, y así empalmas una con otra...

El Pingajo. (*Muy chulón.*) Se agraece... (*Se echa un lingotazo.*) Qué bueno es usté...

El Teniente. (*Guiñando un ojo.*) Eso está mejor que el código... Bueno. Ahora asiéntate y amos a hablar como buenos amigos... (*El* Pingajo *obedece, pero al sentarse no puede evitar un estremecimiento, que provoca la hilaridad del oficial.*) Qué delicao eres de trasero, chavea...

El Pingajo. Menda es mu sensible...

El Teniente. (*Que se ha echado otro trago.*) ¿Así que mañana me traes la hembra?

El Pingajo. Mañana sin falta...

---

[58] *me daré yo el gusto de darle al tambor:* me daré yo el gusto de darle a las posaderas.

El Teniente.   (*Ofreciéndole el frasco.*) Bebe... (*El otro bebe.*) ¿A qué hora?

El Pingajo.   Sus papás me la dejan pa que la lleve a paseo por el Retiro. Dempués la traigo, la subo a su cuarto y...

El Teniente.   Primero, yo...; luego, tú...

El Pingajo.   Naturaca.

El Teniente.   La poemos colocar de cantinera...

El Pingajo.   Figuarará como mi esposa...

El Teniente.   (*Incrédulo.*) ¿Te vas a casar con ella?

El Pingajo.   Tendré que pedir licencia...

El Teniente.   Vaya un pájaro... Vaya un perdís que estás hecho... Anda bebe, granuja... (*Bebe y se van animando.*)

El Pingajo.   Me he comprometío a llevarla al altar por la Vicaría e los Gatos. Usté, mi tiniente, no sufra, que está en buenas manos...

El Teniente.   Tú deja que la pruebe y luego pa ti toa tu cochina vía... Yo con probar... En mi pueblo probé toas las mozas. Y en Camagüey, ¿t'acuerdas de las negritas?

El Pingajo.   (*Riéndose.*) Ja, ja... ¿Y aquel día que se confundió?

El Teniente.   (*Amoscado.*) ¿Quién, yo? ¿Yo me confundí? Fuistes tú..., y más respeto, que ahí está el «código de justicia militar».

El Pingajo.   Usté perdone y desimule. Fui yo el que se equivocó con aquel negrito...

El Teniente.   Mari... nerazo estás hecho. (*Contemplando al trasluz la botellita de aguardiente.*) Pos esto s'acabó y hay que llenarlo...

El Pingajo.   Traiga usté...

El Teniente.   Quita..., ¿vas a ir tú? Llama a uno de la guardia...

El Pingajo.   (*Sale y llama.*) Uno e la guardia... (*Aparece al punto un mozo somnoliento y envuelto en una manta, que al ver al* Pingajo *le hace un gesto obsceno.*)

El Teniente.   (*Impaciente.*) ¿Qué pasa? ¿Viene o no viene?

Soldado 2.º *(Asomándose a la puerta y saludando.)* A la orden de usté, mi tiniente...

El Teniente. Haz lo que te mande ése...

El Pingajo. *(Muy autoritario, entregándole la botella.)* Que traigas una botella e cazalla de la mejor calidá...

Soldado 2.º Está cerrá la cantina...

El Pingajo. Lo pintas...

Soldado 2.º Amos, anda allá. ¿Quién eres tú?

El Pingajo. Es orden del tiniente...

Soldado 2.º Me lo paso por...

El Teniente. *(Levantándose.)* ¿Qué pasa ahí?... Di a ése que entre... *(Ante la sonrisa maligna del Pingajo, que ahora se toma la revancha, entra el sorche muy humilde.)*

Soldado 2.º Es que, mi tiniente..., que ... la cantina está cerrá...

El Teniente. *(Encolerizado.)* ¿A mí qué leñe me cuentas? Haz lo que te manda. Oye, Pingajo, dale una buena patá en el culo... *(El Pingajo obedece con todas sus ansias, y el Soldado escapa corriendo, en una mano el frasco y con la otra protegiéndose el trasero.)* Valiente panda e golfos estáis hechos... *(Al Pingajo)* Anda, asiéntate y cuenta... ¿A qué hora me la vas a traer?

El Pingajo. Pa la anochecía...

El Teniente. *(Con maligna sonrisa.)* Yo la recibiré con un ramo de flores...

El Pingajo. Paece una niña del hespicio..., pero tié unas tetitas, mi tiniente, apretaítas, apretaítas...

El Teniente. ¿Y cómo se llama?

El Pingajo. La llaman la Fandanga...

El Teniente. *(Rompiendo a reír.)* Vaya pareja: el Pingajo y la Fandanga... Me relamo de gusto... ¿Seguro que me la traes?

El Pingajo. Palabra...

El Teniente. Si no me la traes, prepárate... Te suministro una soba y te largo al calabozo... Dejas de ser mi asistente y te dejo baldao...

El Pingajo. No llegará la sangre al río...

El Teniente. Estás advertío. Cualquiá se confía en

ti con lo marrano que eres. Estás mu mal enseñao. Te mimo demasiao... ¿Por qué no la has traío hoy?

EL PINGAJO.   Porque mañana empieza el noviazgo...

EL TENIENTE.   Me hace falta una hembrita así... Llevo demasiao tiempo viendo tu jeta na más. Y tú no eres mi tipo. *(En la puerta parece el* SOLDADO 2.º *con el frasco.)*

SOLDADO 2.º   ¿Da su permiso?

EL TENIENTE.   Pasa...

SOLDADO 2.º   A sus órdenes... La cazalla...

EL TENIENTE.   *(Agarrando la botella.)* Largándote... *(El* SOLDADO 2.º *sale corriendo. Ansioso, el* TENIENTE *se echa un lingotazo y al punto escupe lo que bebe y se retuerce en horribles visajes. Casi no puede hablar.)* ¿Pe... pe..., pero qué porquería es éstaaaa...?

EL PINGAJO.   *(Muy asustado y cogiendo el frasco, luego de olerlo.)* ¡Madre mía..., si esto es amoniaco...!

ESTAMPA CUARTA

Tarde primaveral en el Retiro. Barquillos, mozas y soldados. Un músico ambulante y melenudo desparrama desde su violín acordes de «La Marcha de Cádiz». En los bancos dormitan los cesantes o dejan vagar su mirada por el estanque, donde guajas y mozalbetes bogan a bordo de las barcas nuevas y recién pintadas. Algunas damiselas, envueltas todavía en sus pieles, pasean lentamente, dejándose acunar por las recién leídas rimas de Verlaine. El organillo hace la competencia al violinista bohemio. Se entremezclan las notas de unos y otros formando una sinfonía agreste y bullanguera. Aparece el PINGAJO *llevando de la mano a la* FANDANGA, *que ha sido vestida pudorosamente por su madre con volantes, calcetines blancos y lazos azules en el pelo. El sorche, con el brazo en cabestrillo, torpón y palurdo, con la niña remilgada, parecen la figura del asistente y la hija del oficial.*

86

EL PINGAJO.   ¿Quiés barquillos? ¿Te gustan los barquillos, chatuja?

LA FANDANGA.   *(Haciendo un mohín con la cabeza.)* Chiii...

EL PINGAJO.   *(Haciendo una señal al BARQUILLERO.)* Eh, maestro...

EL BARQUILLERO.   *(Acercándose lentamente con el instrumento colgado a la espalda.)* ¡Barquillooo finooo...!

EL PINGAJO.   ¿A cómo va la tirá?

EL BARQUILLERO.   A perra chica, paisano.

EL PINGAJO.   ¡Ele...! ¡Viva Sierra Morena en los Madriles...!

EL BARQUILLERO.   Y tú que lo digas, chavea... *(Va a hacer mutis con su pregón.)* ¡Barquillooo...!

EL PINGAJO.   Espera, gachó...

EL BARQUILLERO.   *(Depositando el envase en el suelo.)* ¿Vale?

EL PINGAJO.   Toma... *(Le entrega la perra chica.)* ¿Está el armatoste en condiciones?

EL BARQUILLERO.   *(Dando un giro garboso a la rueda.)* Prueba... *(Mientras el PINGAJO impulsa la rueda, el BARQUILLERO tararea un ritmo de guajiras.)*

EL PINGAJO.   *(A la FANDANGA, que mira con ojos embobados la ruleta popular.)* Déjame..., primero tiro yo y luego tú... Mira cómo se hace, chata... *(Impulsa la rueda.)* Diez, pa empezar...

EL BARQUILLERO.   *(Mirando altivamente la cifra y parando en su canturreo.)* Josú...

EL PINGAJO.   *(Nueva tirada.)* Y otros diez, que hacen veinte...

EL BARQUILLERO.   ¡Arma mía...!

EL PINGAJO.   *(Otra tirada.)* Y otros diez, que hacen treinta... *(La FANDANGA salta y ríe, divertida.)*

EL BARQUILLERO.   *(Al PINGAJO.)* Oye, tú, que lo paras con el codo...

EL PINGAJO.   ¿Qué paro yo?... No te... joroba...

EL BARQUILLERO.   Si te estoy guipando.

EL PINGAJO.   Amos, calla ya... (*A la* FANDANGA.) Tira
tú ahora, preciosa... Despacito, despacito... (*La coge la
mano y la lleva a la ruedecilla, mientras ella salta, alborozada.*)

EL BARQUILLERO.   Deja a la chiquilla sola, que ya es
mayorcita...

EL PINGAJO.   La asesoro...

EL BARQUILLERO.   (*Dándole un manotazo.*) Que la
dejes sola, te digo...

LA FANDANGA.   (*Dando saltitos.*) Chola, chola, chola...

EL PINGAJO.   (*Luego de hacer un gesto ofensivo al*
BARQUILLERO.) Tira suavecito, maja... Que ya llevamos
las treinta el ala... (*La* FANDANGA *tira tan suavecito que
apenas se mueve la rueda.*)

EL BARQUILLERO.   (*Con sorna.*) Dos...

EL PINGAJO.   (*Con chulería.*) Que con treinta hacen...
(*Al* BARQUILLERO.) ¿Has ío tú a la escuela?

EL BARQUILLERO.   La mare que me echó con el sorche..., le voy a... (*Viendo que el* PINGAJO *vuelve a dirigir el brazo de la* FANDANGA.) Que no la empujes el
codo, te estoy diciendo... Pero ¿es que hablo el chino?
Me cauen la mar salá [59] con el guaja...

EL PINGAJO.   (*Muy ofendido a la* FANDANGA.) Déjame, maja. Ya has tirao tú una vez. Ahora tiro yo la última. No vayamos a jaringarla [60]...

LA FANDANGA.   (*Iniciando una pataleta.*) No..., yo...,
yo..., yo... (*El* PINGAJO *no la hace caso. Tira de nuevo
y saca otros diez.*)

EL PINGAJO.   (*Al* BARQUILLERO.) Ahí tiés otros
diez..., pa que te chinches... y con limpieza... Calla,
niña...

EL BARQUILLERO.   Qué lástima que no te hubián
roto el otro brazo, gachó...

EL PINGAJO.   A callar y a apoquinar [61], que son cuarenta y dos aquí y en mi pueblo.

[59] *me cauen en la mar salá:* expresión popular que semánticamente expresa coraje: «Me cago en la mar Salá.»

[60] *jaringarla:* argot: perder, estropear la fortuna.

[61] *apoquinar:* argot: pagar.

88

El Barquillero. (*De mala gana va sacando los barquillos y enlazándolos unos con otros hasta formar varias torres, ante los ojos atónitos de la* Fandanga.) Pos le va a dar a la chavala un cólico barquillero como se zampe too esto...

El Pingajo. Tú calla y apoquina... (*A la* Fandanga.) Mía lo que hemos ganao, Fandanguilla...

La Fandanga. (*Dando saltitos.*) ¡Ole, ole, ole...!

El Barquillero. (*Entregándole las torres de barquillos.*) Ya verás; como tu señorito se entere por un casual de que emborrachas a la niña de barquillos, los coscorrones que te vas a llevar...

El Pingajo. (*Cogiendo las torres de barquillos.*) A ver si te vas a llevar tú uno antes de tiempo...

El Barquillero. (*Agresivo.*) Vas a dar tú...

El Pingajo. (*Tirando de la niña.*) Abur...

El Barquillero. (*Muy chulón.*) No te... joroba... (*Reaccionando con admiración.*) Vaya mano fina que tié el gachó [62]... (*Se echa la barquillera a la espalda y sale pregonando:*) ¡Barquillooooo finooooo...! (*Muy contentos, el* Pingajo *y la* Fandanga *se apoyan en el barandal para contemplar las barcas, mientras comen los barquillos.*)

El Pingajo. A ver si te van a hacer daño...

La Fandanga. (*Comiendo vorazmente.*) No, no... Más, más... Dame más...

El Pingajo. Toma..., pero que no te hagan daño... Están ricos, ¿eh?

La Fandanga. (*Mirando la torre de barquillos que sostiene el otro.*) ¡Huy...!, ¡cuántos...!

El Pingajo. Muchos, muchos... ¿Tú sabes contar?

La Fandanga. (*Luego de un signo afirmativo y en tono cantarín como en el colegio.*) Diez..., veinte..., treinta..., cuarenta...

El Pingajo. (*Interrumpiéndola.*) Mira, mira las barquitas... ¿Quiés que montemos?

La Fandanga. (*Luego de mirar.*) No.

---

[62] *vaya mano fina que tié el gachó:* semánticamente equivale «a la suerte del Pingajo».

El Pingajo.   ¿Por qué?

La Fandanga.   Me da mieo...

El Pingajo.   Cobardica..., cobardica..., cobardica... *(La chicuela se retuerce de risa.)*

La Fandanga.   No me hagas cosquiiillas...

El Pingajo.   Dime, oye: ¿Verdad que ya no tiés miedo de mí?

La Fandanga.   No... Dame un bechito... *(El Pingajo está a punto de besarla en la boca, pero como la tiene llena le da un beso en el carrillote.)*

El Pingajo.   Ahora un «bechito» tú a mí... *(Ella acerca su boca, repleta de barquillos, y le besa.)* ¡Ay, que me muerdes...! *(Ella se ríe, permanecen un rato apoyados en el barandal, dando cuenta de los barquillos. El Pingajo la observa y de pronto se le ensombrece la vista.)* ¿Qué te gusta más, ir al «cole» o salir de paseo con tu novio? *(La chica parece dudar, se sonroja.)* Anda, di...

La Fandanga.   Salir a paseo.

El Pingajo.   Oye, ¿quiés venir conmigo a mi cuartel? Veremos a los soldaditos de verdad. ¿Vas a venir luego?

La Fandanga.   *(Palmoteando.)* Chi, chi, chi...

El Pingajo.   Ya verás, ya verás... Veremos los soldaditos, oiremos tocar la trompeta...

La Fandanga.   *(Entusiasmada.)* Chi, chi, chi... Amos, amos...

El Pingajo.   No, entoavía no... Luego, luego...

La Fandanga.   *(Lloriqueando.)* No, ahora. Yo quiero ahora...

El Pingajo.   Luego, chiquilla, luego... Ya verás, hay un señor general que te quiere mucho y que te dará «caramelos»...

La Fandanga.   Yo quiero ir...

El Pingajo.   Bueno, ahora vamos... Pero mira, primero jámate [63] esos barquillos.

La Fandanga.   No quiero más...

---

[63] *jámate:* cómete.

EL PINGAJO.   Los guardaremos pa luego... (*Estruja los barquillos y se los guarda en el bolsillo de la guerrera.*)

LA FANDANGA.   (*Lloriqueante.*) Yo quiero ir a ver los soldaítos...

EL PINGAJO.   Ahora, ahora vamos... Mira, ¿quiés un molinillo? (*Para aplacar a la criatura se acerca al hombre de los molinillos. Le compra uno y se lo entrega a la* FANDANGA, *que parece aplacarse mientras sopla el molinillo. Limpiándose el sudor de la frente.*) Amos a descansar un poquitín en ese banco y luego nos marcharemos al cuartel, a ver ese señor y a los demás soldaítos...

(*La* FANDANGA, *entretenida con el molinillo, sigue al* PINGAJO, *se sientan en un banco, donde hay dos cesantes que dormitan y conversan alternativamente. El* PINGAJO *mira ceñudo al horizonte, como si le asaltara una enorme preocupación. La pequeña sopla en el molinillo y ríe.*)

CESANTE 1.º   ¡Pobre España...!, ¡pobre...! (*Pausa larga.*) ¡Pobre España..., pobre...!

CESANTE 2.º   (*Gritando a la oreja del* CESANTE 1.º) ¿Ha ido usted a ver «La Marcha de Cádiz»?

CESANTE 1.º   (*Moviendo afirmativamente la cabeza.*) Eso, eso estaba diciendo, que ¡pobre España...!, ¡pobre...! (*El* CESANTE 2.º *mueve la cabeza, impotente, y se queda otra vez dormido.*) ¡Pobre y bien pobre...! (*El* PINGAJO *se ha puesto a palpar los muslos de la* FANDANGA, *lo que provoca la risa de ésta.*)

EL PINGAJO.   (*Mientras palpa.*) Estás mu gordita..., mu gordita...

LA FANDANGA.   Que me estás haciendo cosquiiiillas...

EL PINGAJO.   ¿Sí?

LA FANDANGA.   Chi, chi... (*Sopla el molinillo de papel. El* PINGAJO *vuelve a su mutismo, observa la inocencia boba de la* FANDANGA *y se da una palmada en la frente.*)

EL PINGAJO.   ... ¡Maldita sea mi negra suerte...! (*El*

91

CESANTE 2.º *hace un rato que contempla los «manejos» del* PINGAJO *y no pierde ojo, incluso da con el codo a su compañero.) ¿Sabes que te vamos a vestir de novia?

LA FANDANGA. ¿A mí?

EL PINGAJO. Sí...

LA FANDANGA. Qué bonito... Yo quiero, yo quiero...

EL PINGAJO. Claro, porque eres mi novia y te vas a casar conmigo...

LA FANDANGA. *(Entusiasmada.)* Chi, chi... Amos a jugar a eso...

EL PINGAJO. ¿A jugar?... ¡Ja...!, menúo juego...

LA FANDANGA. Con un velo mu largo..., como la reina...

EL PINGAJO. Como la reina... Vas a estar reguapa, reguapa... Luego te vienes conmigo y...

LA FANDANGA. Y nos vamos de paseo... Toos los días de paseo...

EL PINGAJO. Toos los días venimos aquí a jugar a los barquillos...

LA FANDANGA. *(Dando palmadas.)* Ole, ole... *(Pausa. El* PINGAJO *observa a la chica y se rasca la cabezota.)*

EL PINGAJO. *(Para sí.)* En la que me he metío sin darme cuenta... *(En la tarde, amustiada, se oye un coro de niñas que canta aquello de «Viva la reina Isabel».)* Güena la he hecho..., güena. ¿Y qué hago yo ahora?

LA FANDANGA. ¿Nos amos al cuartel? Yo quiero ver los soldaítos...

EL PINGAJO. No hay cuartel..., cállate ya... Anda, ¿por qué no te vas a jugar con esas niñas?

LA FANDANGA. Porque ya soy mayor. Yo lo que quiero es ir al cuartel... *(Lloriqueando.)* Yo quiero ir al cuartel...

EL PINGAJO. ¿Te vas a callar? ¿Quiés que nos vayamos a casa y se lo diga a tu padre pa que te zumbe?

LA FANDANGA. *(Callando su lloro.)* ¿Qué?

EL PINGAJO. Si no te callas, se lo diré a tu padre. ¿Te zumba tu padre?

LA FANDANGA. Chiii...

EL PINGAJO. Pues eso...

La Fandanga.   Y a ti, ¿te zumba tu padre?

El Pingajo.   *(Ceñudo.)* No, porque ya soy mayor... *(Baja la cabeza apesadumbrado.)*

La Fandanga.   *(Luego de una breve pausa, vuelve a la rabieta.)* ¡Yo quiero ir al cuartel. Yo quiero ir al cuartel...!

El Pingajo.   *(Enfadado.)* Que te he dicho que no..., que no vamos al cuartel... Ya no vamos al cuartel... Ni hoy, ni nunca. Por caprichosa... Ea, no te llevo al cuartel. Que no te llevo...

La Fandanga.   *(Le mira un poco asombrada y luego redobla su lloriqueo.)* Pos si habías dicho que íbamos al cuartel, a ver los soldaítoooos... *(Llora.)*

El Pingajo.   Macachis en... ¿Te vas a callar ya? Niña caprichosa..., antojadiza...

La Fandanga.   *(Con rabia.)* No... Yo quiero ir al cuartel...

El Pingajo.   *(Fuera de sí.)* Te voy a dar una que te voy a eslomar, como sigas así... Te he dicho que no te llevo...

La Fandanga.   *(Dándole puntapiés y puñadas.)* ¡Mentiroso..., mentiroso..., feo..., feo..., malo..., uuuhhh! *(Le saca dos palmos de lengua.)*

El Pingajo.   *(Cogiéndola del brazo y sacudiéndola.)* ¿Te quiés estar quieta?... ¿Te quiés callar? ¿Te callas? ¿Quiés que te sacúa? [64] Que ahora el que manda soy yo, ¿eh? Que te zumbo... Que nos vamos pa casa... ¡Hale, a casa con tu madre...! Y caliente, además... *(Al decir esto la arrea dos azotazos en el trasero y la empuja delante de él. Salen. Los gritos de la* Fandanga *se oyen en la Puerta de Alcalá. Los cesantes, que han observado con mucha atención la escena, los miran alejarse.)*

Cesante 2.º   *(A gritos en la oreja del otro.)* ¿Ha visto usté? Yo no sé como dejan a los chicos en manos de los asistentes. Primero, la mete mano, porque la ha metido mano, que yo lo he visto... Luego, la pega..., y los padres estarán tan tranquilos en el teatro. Con tal de quitarse preocupaciones... ¿Ha visto usté?...

---

[64] *sacúa:* castigar, en sentido de golpear.

Cesante 1.º (*Afirmando con la cabeza.*) Lo que yo digo: ¡pobre España…, pobre España…! (*El Cesante 2.º resopla y vuelve a quedarse dormido.*) ¡Pobre y bien pobre…! (*En la atardecida el organillo desgrana un pasodoble. Los remos chapotean en el estanque. Se oye el rumor de los pasos en el florido arenal.*)
(*Oscuro.*)

ESTAMPA QUINTA

Calleja céntrica y de poco tránsito, situada tras la elegante calle de Alcalá. Lugar de citas de tapadillo por donde circulan pausadamente cerrados coches simones. Dos guajas de gorrilla secretean pegados al quicio del portal.

El Petate.   Amos a ver quién es el Pingajo. Su bautismo e fuego. Y que ya no pué tardar, si las cosas salen a derechas… ¿Tú tiés too el material en orden?

El Salamanca.   Too a punto, compadre… Los pañuelos, los cordeles, la herramienta, por si viene el caso… Too a punto, compadre…

El Petate.   Güena se presenta la noche… Y primaveral que está. (*A una dama que pasa esquivando el piropo.*) Y vaya plata que tié la noche… (*Volviéndose al* Salamanca.) Pos como te estaba diciendo: la cosa está que ni pintá. El portero e la salía escape cegao con el parné que tú me suministraste ayer…

El Salamanca.   No me hables, compadre e mi alma. Ca vez que pienso los apuros que pasé pa aquella sustración. Figúrate el tranvía así… (*aprieta los dedos.*), y un guindilla pegao a mi espalda, que mismamente paecía un siamés y la tía apretando el bolso en los pechos. Que se necesita haber nacío en Valladolid y haber aprendío bien el oficio pa hacerme con aquel bolso. Pero lo que no consiga el Salamanca…

El Petate. Y yo no te he negao nunca el mérito, compadre, y bien sabes que si la suerte hubiá fallao a tu favor, el novio en estas bodas ibas a ser tú, que yo bien te aprecio...

El Salamanca. Si de eso estoy al cabo de la calle... Pero que también tié su guasa que pa celebrar una boda te se haya metío en la chola limpiar na menos que el casino más aristocrático e los Madriles...

El Petate. ¡Chisss! Queo..., que vié un guin-dis [65]... (Se acerca el Guindilla, que se limita a mirarles con el rabillo del ojo.)

El Salamanca. (Fingiendo.) Que está mu remaja la noche, pero que mu remaja... Gusto da llenar los pulmones con este aire de abril, que paece de Sevilla... (Saludando al Guardia.) Con Dios, señor guardia... (El Guardia se aleja.)

El Petate. (Con un suspiro.) Ya pasó... No vendría mal una copa e cazalla. Si no fuá porque no conviene que lo guipen a uno ahora. Pero mañana será otro día... Y este gachó que se retrasa. Pa chasco sería que hubiá tenío un tropiezo a última hora... ¡Dita sea la [66]...!

El Salamanca. No seas agorero, compadre...

El Petate. Es que el Pingajo en estos históricos momentos es más importante respective a nosotros que el mismo Lagartijo (se quita la gorrilla), o que Cánovas...

El Salamanca. ¿Pos tan difícil se presenta la operación?

El Petate. Quiá..., juego e chaveas. Total: birlar [67] el uniforme de su tiniente, cosa que, pa quien tié la llave del cuarto y conoce las entrás y salías del propietario, no tié vuelta de hoja. Pero como el Pingajo está ahora desertao, dende el día que su señorito el tiniente le arrimó una tollina e bandera [68]...

El Salamanca. ¿Que lo zumbó el tiniente? Y yo que no sabía na...

[65] guindis: argot popular: guardia.
[66] ¡Dita sea la...!: expresión de contrariedad, con la forma contracta de «dita» equivalente a «maltrecha».
[67] birlar: robar.
[68] tollina e bandera: argot popular: paliza grande.

El Petate. Ni yo. Ni tampoco me lo había dicho el interfecto, sino que nos vino iciendo que ya no quería servir a naide y que había optao por la deserción; pero de lo que no se entere el Petate... La verdad es que la otra noche el tiniente zumbó al Pingajo de moo y manera que lo debió dejar las asentaderas como las de la mona el Retiro...

El Salamanca. ¿Y too por qué?

El Petate. ¿Por qué? Caprichos... Que había tomao cuatro copas e más... Tiés ca pregunta, gachó. Como si fuá pecao el beber. Ya se sabe, por cualquiá cosa te dan en la cresta...

El Salamanca. Es verdad. Too es cuistión de mala suerte. A menda también le han calentao cuando menos lo merecía y entodavía me escuecen los verdugones que me hicieron el mes pasao en la Delega por piropear a una marmota [69]...

El Petate. ¿Por piropear a una marmota? Anda allá, Salamanca, que too se sabe. Por piropearla y «piropearla» el bolso, que too se sabe... (*Deteniéndose de pronto.*) ¡Chiss!, queo..., que paece que viene un pez gordo... (*Asustados, los guajas se estrechan en el quicio de la puerta, cuando aparece un rutilante teniente de húsares en traje de gala, lleva el brazo en cabestrillo, el ros ladeado, muy chulón, pica las espuelas con garbo y señorío militar. Es el* Pingajo.)

El Pingajo. (*Plantándose ante ellos.*) Caballeros..., hagan el favor de acompañarse a la Delegación pa una pequeña diligencia... (*Los tres sueltan la risa.*)

El Petate. (*Admirándole.*) ¡Gachó con el tío...! El susto que nos has dao..., y mía que yo me lo esperaba porque sabía que tenía que presentarse así... Pos si le sentará bien el uniforme que lo he tomao mismamente por un melitar de graduación...

El Salamanca. ¡Mi madre!, y cómo te sienta el uniforme...

El Pingajo. (*Dándose una vuelta para que los otros*

---

[69] *marmota:* criada de servicio.

le contemplen maravillados.) Me han saludao toos los quintos. Y en el tranvía me han cedío el asiento. Me han tomao por un herío glorioso...

EL PETATE.   Y herío glorioso eres...

EL PINGAJO.   Y cuando iba de sorche pelao con el brazo en garabitas [70], naide se apercibía... Lo que no haga el uniforme...

EL PETATE.   Pero cómo estás, chavea... Si has nacío pa eso, pa mandar... Tiés que hacerte un retrato. Mañana, que tenemos posibles, nos acercamos a Campúa [71] pa que te retrate como a los infantes de sangre.., Tú has nacío pa picar alto, ¿que no?

EL SALAMANCA.   Había que verlo pa creerlo...

EL PINGAJO.   Con deciros que me parece que lo he llevao toa la vía. Y que me sienta como propio...

EL PETATE.   Ni hecho a media...

EL SALAMANCA.   Güeno... Ahora amos a empezar la operación...

EL PINGAJO.   *(Autoritario.)* Que el tiempo apremia... A ver si las cosas salen como es debío y no hay precipitaciones... ¿Estamos? *(Los otros escuchan respetuosos.)* Ahora yo entro por la puerta prencipal y sus preparo el terreno. Vosotros esperáis junto a la puerta trasera... En cuanti que yo suelte este silbío. *(Silba.)* Así... ¿eh?..., así *(vuelve a silbar),* entonces entráis y al avío...

EL PETATE.   Que sí... Que ya está too eso metío en la chola...

EL SALAMANCA.   Hablar más queo que me paece que se oyen pasos...

(Escuchan con algún miedo los tres.)

EL PETATE.   *(Al SALAMANCA.)* A ver si te va a dar canguelitis [72] a ti ahora...

EL SALAMANCA.   Paecía que...

---

[70] *garabitas:* vulgarismo: de engarabitar, encorbar.
[71] *Campúa:* famoso fotógrafo madrileño que se dedicaba a retratar a personajes principales y a los reyes.
[72] *canguelitis:* miedo.

El Pingajo. Güeno... Yo me acerco pa allá. Los puntos ya deben ir de retirá... Detrás, vosotros... Y suerte... ¡Abur!

El Petate. (*Saludándole militarmente.*) A las órdenes e vuecencia... (*Los dos contemplan el paso jacarandoso del* Pingajo, *que se aleja.*) Y cómo se mueve, con qué soltura... Si nació pa eso. Y la vía le desvió...

El Salamanca. (*Persignándose.*) Que Dios nos asista...

El Petate. (*Ídem.*) Y la Virgen Santísima. Amén... (*Salen silenciosos y acechantes.*)

(*Oscuro.*)

ESTAMPA SEXTA

En el departamento de la caja fuerte del Casino, los empleados van formando fajos de billetes, luego de contarlos deprisa con cara de sueño y ganas de marcharse a casa. Hay una luz verdosa de garlito. Los hombres están en mangas de camisa y trabajan de una manera mecánica, sin dar importancia al asunto. Procedente de la sala de juego llega un teniente de húsares en traje de gala.

Empleado 1.º (*Señalando hacia fuera.*) Es a mano izquierda mi teniente. La tercera puerta...

El Pingajo. (*Se finge un poco borracho.*) ¿Qué puerta dices?

Empleado 1.º La tercera a la izquierda. Saliendo a mano izquierda. No tiene pérdida, oficial. (*El* Pingajo, *al verse tratado con aquella deferencia, se complace en prolongar su papel de ilustre militar.*)

El Pingajo. Gracias, caballeros... Es la primera vez que pongo los pies en este casino. Acabo de llegar repatriado. Después de aquella campaña, uno no acaba de hacerse a estos refinamientos.

EMPLEADO 2.º (*Mientras cuenta los billetes.*) Buena nos la han jugado los yanquis.

EMPLEADO 3.º ¿Procede usted de La Habana?

EL PINGAJO. De allí mismo vengo...

EMPLEADO 3.º Entonces, tal vez conocería por un casual al comandante Menacho [73], uno que mandaba el fortín...

EL PINGAJO. Creo recordarlo. Barba así... ¿entrecana?

EMPLEADO 3.º El mismo. Es pariente de mi mujer. ¿Está con vida?

EL PINGAJO. Cualquiera sabe. Ojalá se lo pudiera atestiguar. Después del desastre cada cual se fue por su lao... Yo estaba en el hospital. He hice cargo de aquello. Les hicimos frente... Pero me ordenaron la retirada. Si por nosotros hubiá sío... Pero quien manda, manda... Ahora con proponerme pa la Medalla Individual estoy pagao. ¡Maldita sea la estampa de los politicastros...!

EMPLEADO 1.º Y usted que lo diga, mi teniente.

EL PINGAJO. (*Señalando los montones de billetes.*) Y mientras tanto me deben toos los pluses de campaña. Cuando aquí se tira el dinero. Ustedes son testigos...

EMPLEADO 1.º (*Con un resoplido.*) Está usted diciendo verdades como un templo.

EL PINGAJO. (*Con cierta exaltación.*) Pero no pasará mucho tiempo sin que el honor del Ejército resplandezca...

EMPLEADO 2.º La política, la política...

EMPLEADO 1.º Ya ve usté... Unos servidores manejando el dinero del vicio y con una paga de treinta reales. Mantenga usté mujer y tres hijos... Dice usté bien, mi teniente: arrastraos tenían que ir todos... Si no nos salva el Ejército no se quién nos va a salvar...

EL PINGAJO. (*Que se va acercando a la mesa y manosea los billetes.*) El Ejército es el único que puede poner fin a tanto latrocinio. Y lo pondrá, señores. ¡Ah!, no lo duden un momento... Se está fraguando una..., se está fraguando una más gorda... (*Al decir esto entona*

---

[73] comandante Menacho: personaje imaginario.

el silbido que antes había marcado a los dos guajas.) Ya
verán la que se va a armar... *(Por una puerta contigua
a la caja fuerte entran, con el rostro tapado con un pañuelo, el* Salamanca *y el* Petate, *que avanzan caute-
losos tras los funcionarios. En este punto el* Pingajo *saca
un pistolón y los encañona.)* De momento aquí se acabó
el vicio. Hacerse la cuenta, que el golpe militar ha es-
tallao. *(Los empleados quedan tiesos y asombrados. Por
detrás, los granujas les echan una mordaza en la boca y
luego les atan las manos por detrás con cordeles. El* Pingajo *cierra la puerta que comunica con el salón y se
frota las manos. Al* Salamanca *y al* Petate.*)* Ajajá...
Poner a los tres en el rincón. Así... *(Llevan a los tres
empleados al rincón.)* Lo siento, señores. Me debían los
pluses de campaña. Con el permiso de ustés me los cobro.
*(Empieza a guardarse fajos de billetes en los bolsillos de
la guerrera, ante los ojos atónitos de los tres funcionarios.)*
Y vosotros *(a sus compinches)* ir recogiendo lo de dentro. *(Los cómplices van guardando en un saco los billetes
de la caja fuerte, el* Pingajo *sigue, por su parte, atiborrán-
dose los bolsillos.)* Pues sí, señores. Las cosas no puén
seguir como están. Habrá que poner una dictadura, pero
una dictadura fetén y ya habrá quien la imponga pa acabar con tanto ratero, tanto desaprensivo como circula por
estos madriles. Ca vez que me acuerdo de lo morás [74]
que las pasábamos en aquella manigua y aquí too eran
francachelas. Dita sea la... Se tié que acabar y se acabará...

El Petate.   Sin noveá...

El Pingajo.   Pues vamos... *(Antes de salir, dirigiéndose a los empleados.)* Y lo dicho, señores... El Ejército dejará a salvo su honor. No lo duden. *(Saluda con
una leve inclinación de cabeza y sale muy erguido y marcial, seguido de sus compinches.)*

(Oscuro.)

---

[74] *lo morás:* pasarlo mal.

La misma decoración de la primera estampa. Jubilosa mañana primaveral. El lugar está engalanado con cadeneta y flores de papel según el arte popular madrileño. Se masca el humo de la fritanga de churros. Frente a la Venta del Tuerto hay colocada una larga mesa capaz de servir a buen número de comensales. Se ve entrar y salir de la Venta a algunos marmitones [75] con grandes paellas en un rincón amontonados, grandes pellejos de vino. Parece como si la verbena de San Isidro hubiese trasladado sus reales desde la Pradera del Corregidor a aquellos andurriales de la miseria. Se oye música de organillos que desparraman músicas zarzueleras y pasodobles. Pandas de niños berrean canciones alusivas a la fiesta. Es como si aquel fabuloso Camacho de las bodas hubiese descendido de las tierras manchegas a convidar a la gente humilde de los madriles.

CORO DE NIÑOS. *(Utilizan como instrumentos musicales ralladores, almiceres y cacerolas):*

> De bellotas y cascajo
> se va a armar la bullaranga,
> que se casa el tío Pingajo
> con su novia la Fandanga.

> La madrina será la Cibeles
> el padrino el Viaducto será,
> Los asilos del Pardo, testigos,
> y la Iglesia, la Puert-'Alcalá.

---

[75] *marmitones:* pinches de cocina.

101

EL TUERTO. (*Tapándose los oídos para no escuchar la algarabía y palmoteando a sus ayudantes.*) Amos, vivo, vivo..., que nos va a coger el toro... (*A los marmitones.*) Tú, aviva el fuego con ramas de pino. Tú, cuida que el caldo no se consuma...¿Y quién trasvasa el vino? Naide... Claro, naide... Tú, ¿qué miras ahí, bobo? (*Le da un puntapié en el trasero y el agredido se cuela de rondón en la Venta.*) Que nos coge el toro..., y cuando yo digo que nos coge el toro... (*En un rincón, la* VIEJA DE LOS ESCAPULARIOS *se hace cruces ante aquella barahúnda y pega la hebra con una comadre que espera la limosna del banquete.*)

LA MADRE MARTINA. Jesús, Jesús, qué desenfreno... Qué bodorrio [76]... Se necesita, amos que no me diga usté... Casarse por la Vicaría los Gatos. Rompiendo el puchero como si fuán gitanos... Claro que cualquiá saben lo que son...

COMADRE. No diga eso. Pa mí, como si fuán mismamente príncipes de la sangre. Más que los reyes de España son. ¿Cuándo se ha acordao la realeza de los probes? ¿Cuándo? Yo estoy emocioná...

LA MADRE MARTINA. Vosotros, en rellenándoos la andorga [77], os importa poco que se contradiga la ley de Dios... Ay, venerada madre Rafols, cuándo será el día que...

COMADRE. (*Extasiada.*) Vino y paella pa too el barrio... ¿Y de regalos?, ¡huy de regalos! A la Carasucia le han regalao un espejo que fue de la propia reina Isabel. Y a la Carmela un costurero con diamantes que mismamente paecen estrellas de las de verdad... ¡Madre mía! Si paece que se han traío too el dinero de las Américas. Qué lujo...

LA MADRE MARTINA. Pos si vieras lo mal que me huele a mí too esto. Mu mal me huele... Másime cuando se rumorean ciertas cosas. Vaya usté a saber de aónde habrán sacao too ese dinero. Más vale no pensarlo, conociéndoles como se les conoce...

---

[76] *bodorrio:* boda extraña y desigual.
[77] *andorga:* argot: vientre.

COMADRE. A mí, plim... Menda se piensa hartar de paella y empinar el codo. Un día es un día, pa sacar el estómago de mal año. Di lo que quieras; pero a mí, plim...

LA MADRE MARTINA. Oye, ¿y por qué no vas a echar una mirá a la cirimonia?

COMADRE. Ya he estao. Pero me he venío pa acá corriendo y coger buen sitio. Luego, cuando vengan las fieras, cualquiá se aproxima a la mesa. Y una tié ya muchos años pa andar a brazo partío con la gente...

LA MADRE MARTINA. (Muy cotillona.) ¿Y qué has visto? ¿Qué has visto?

COMADRE. ¿Y por qué no vas a verlo tú misma? Si es ahí en el barranco, a dos pasos...

LA MADRE MARTINA. (Ofendida.) ¿Yo? ¿Te crees que yo voy a ir a una cirimonia impía? No quiero condenarme. Estoy confesada...

COMADRE. Allá tú...

LA MADRE MARTINA. Lo que es una indina servidora, si en su mano estuviera, pondría fin a ese escándalo. ¿Es que ya no hay temor de Dios? (Afirmando categórica.) Que no hay ley de Dios. (Transición.) ¿Y la novia irá mu guapa?

COMADRE. (Entornando los ojos.) ¡Uh...!

LA MADRE MARTINA. ¿Y es verdad que el novio va vestío de tiniente de husares?

COMADRE. ¡Uuh...!

LA MADRE MARTINA. Y dicen también que la Carmela lleva un mantón de la China que vale más de cien mil reales y pendientes de brillantes...

COMADRE. Qué sé yo...

LA MADRE MARTINA. Y dicen tamién que va a venir a la boda, güeno, al bodorrio, el mismo maestro Mazzantini...

COMADRE. Pué...

LA MADRE MARTINA. Cuentan y no acaban... Fíjate que quitando algunos chiquillos, too el mundo está allí... ¡Qué escándalo, qué escándalo!... Luego dicen del señorío. Ya quisián éstos tener las buenas formas del señorío... Lo que es una serviora en cuantí que se planten aquí me voy pa la iglesia a hacer un acto de reparación de gracias...

COMADRE. Tú te lo pierdes. La paella, el lechazo, las natillas, los pasteles, las pelaíllas y el tintorro... ¡Ay madre mía! Me se hace la boca agua. De aquí no me muevo. En cuantí que toquen a rancho ¡pum! Ahí tiés a la Gavina metiendo el morro en la paellera.

LA MADRE MARTINA. Pues yo voy a ayunar en reparación...

COMADRE. Tú te lo pierdes...

LA MADRE MARTINA. Lo ganaré en el cielo. Lo dice el Evangelio: el que pierde, gana...

COMADRE. (Sorbiendo chulapona por la nariz.) Sí..., pa tu agüela, que aquí no cuela...

LA MADRE MARTINA. Y no quiera Dios que too se termine como el rosario de la Aurora...

COMADRE. Dempués de llenar la andorga, venga el deluvio...

LA MADRE MARTINA. Porque no sé si sabrás que los papeles traen una noticia. ¿No la sabes? Pues que antié asaltaron la caja fuerte del Casino los Madriles... No quiero pensar mal...

COMADRE. A mí, plim...

LA MADRE MARTINA. Luego no vengas diciendo que no te aviso... Enterá estás...

COMADRE. ¡Pos vaya una monserga que me estás dando...! Pos si lo sé me quedo allí... Menúa lata...

LA MADRE MARTINA. Jesús, y qué trabaos están los tiempos...

(Se levanta enfadada y va a fisgonear los preparativos del TUERTO. Al TUERTO.) Vaya un convite...

EL TUERTO. (Apartándola.) Deja, no me marees, que tengo mucho trabajo...

LA MADRE MARTINA. ¿Y quién paga el gasto, compadre?

EL TUERTO. Tu tía la del pueblo, comadre...

LA MADRE MARTINA. ¿Y no estás **diquelao**[78] de lo

_____

[78] *diquelao:* enterado, informado.

del atraco? Cómo se han cubierto el riñón estos granujas...

EL TUERTO. Gente de cirebro... Que los echen un galgo. (*A un mozo.*) Que no se vierta el vino, que hay demasiaos gaznates sedientes pa que se lo chupe la cochina tierra...

LA MADRE MARTINA. Yo lo que digo es que cómo van a pagar too esto...

EL TUERTO. Con dineros y palabras...

LA MADRE MARTINA. ¡Qué despilfarro! Habiendo tanto asilo necesitao y tantas monjitas que no puén llevar una cuchará de sopa a sus acogíos... Dios no lo tenía que consentir. No conocen a Dios, si lo conocieran... Bondá infinita; pero librémonos de su ira...

EL TUERTO. (*Dándole un empujón.*) Anda, vete con tus monsergas a otra parte y déjanos tranquilos...

LA MADRE MARTINA. Sí, sí... ¡Ojalá no tengas que venir muy pronto diciendo: Madre, y qué razón llevabas...! (*Se oye un rumor de gente.*) ¡Huy!, sí; me voy, porque ya está ahí toa esa patulea... (*Se escabulle la beata cuando entra una tropilla de chavales haciendo cabriolas y cantando aquello de «Las bellotas y el cascajo». La chiquillería llega a tiempo de rodear a la beata que consigue salir con trabajos. A continuación, llega el cortejo de la boda; mujeres ataviadas con pañuelos de manila y las greñas brillantes de aceite, con flores en la cabeza; los hombres, con camisas limpísimas y pantalones ajustados con faja de seda y tocados con catite andaluz. El novio viste traje de húsares en gran gala. La novia, materialmente cubierta de alhajas y entre organdíes blancos, que «mismamente» parece una pepona de feria ataviada a la oriental. La madre de la novia va también deslumbrante, así como el padre, el* PETATE, *que lleva chistera y todo. Se advierte en seguida que el deseo recóndito que cada cual tenía respecto a la indumentaria lo ha satisfecho a capricho. Hay moza que lleva un mantón de manila deslumbrante y alpargatas. Arman un tremendo alboroto de «vivas y olés». La vieja comadre salta en seguida a la mesa y ocupa un lugar estratégico para no perderse ni una migaja. Nada más entrar en escena, se colocan todos en corro y palmotean, iniciando el baile popular de la «Jerigonza». Los organillos lejanos subrayan el ritmo con sus notas alegres.)*

EL PETATE. Primero, la novia... Que baile primero la novia...

(La CARMELA y su abuela empujan a la pobre FANDANGA al centro del corro.)

TODOS. *(Con ritmo.)* Que lo baile, que lo baile, que lo baile, que lo baile...

LA FANDANGA. *(Compungida.)* ¡Ay, madre...!

LA CARMELA. Anda, chica, no seas sosona... *(La FANDANGA se coloca en medio del corro y se levanta las faldas con mucho garbo y empieza el baile, coreado por las palmas y el canto de los otros.)*

CORO:

La señá Fandanga
ha entrao en el baile...
Que lo baile, que lo baile, que lo baile.
Y si no lo baila
medio cuartillo pague, que lo pague, que lo pague,
Que salga usté   [que lo pague...
que la quiero yo ver bailar,
saltar y brincar,
las faldas al aire,
con lo bien que lo baila la moza,
déjala sola, sola en el baile...

(La FANDANGA siguiendo el ritmo del baile, se acerca al PINGAJO y lo empuja al centro del corro. Bailan juntos.)

El señor Pingajo
ha entrado en el baile.
Que lo baile, que lo baile, que lo baile..., etc.

(Al decir «déjalo solo en el baile», La Fandanga *deja a su marido y se incorpora al coro. En este viejo baile popular madrileño, especie de seguidillas manchegas, cada uno improvisa el baile sin perder el ritmo y van sacando sucesivamente a las parejas. Así, el* Pingajo *irá sacando al* Petate, *éste a la* Carmela, *etc.*

(Mientras esto sucede ha aparecido la Madre Martina *seguida por tres individuos con una pinta de «Polis» que no se lamen. La beata y los tres de la «Secreta» contemplan el baile sin que nadie repare en ellos. Cuando le toca salir al* Salamanca *y terminado el número al decir el* Coro *«Que salga usted», el* Salamanca *va derecho a uno de los Polis y le arrastra al centro del coro. El Poli, que ha salido a regañadientes, tiene que bailar su número. Al ver aquel tipo extraño el* Coro *canta:*

El señor barbitas
ha entrao en el baile...

El Poli, *terminado el sofoco, y para vengarse de sus compañeros, que se ríen, saca a otro de ellos. El* Coro, *aludiendo a las gafas del nuevo introducido:*

El señor cuatrojos
ha entrao en el baile...

Éste, a su vez, saca al tercer Poli, *que, por cierto, como único rasgo distintivo lleva un flamante sombrero hongo. El* Coro *al salir el del hongo:*

El tío del hongo
ha entrao en el baile...

(Naturalmente, éste, a su vez, saca a la Madre Martina, *que es recibida con gran alborozo. Las faldas de la vieja flotan con garbo y salero. El* Coro *canta):*

107

Doña Celestina
ha entrao en el baile...

(*Terminado el baile de la vieja, ella y los tres desco-
nocidos se escabullen como gatos escaldados entre las
chacotas de los otros.*)

POLI 1.º Que se diviertan, que se diviertan. En
cuanti que estén toos reuníos en la mesa y lleguen los
tricornios, ¡zas!, al chiquero...
LA MADRE MARTINA. Que Dios me perdone. Que
Dios me perdone...
POLI 2.º Será mejor ahuecar el ala.
POLI 3.º Sí. Ya están controlaos. El novio el primero, el padrino después y el gachó que nos ha tomao
por la mona el Retiro, detrás. De momento, ¡aire!
(*Salen los cuatro en el momento en que el* TUERTO *empieza a dar horrísonos golpes en una paellera vacía con
un gran cucharón.*)
EL TUERTO. (*Una vez hecho el silencio y con voz de
pregonero.*) Se hace saber a la distinguida concurrencia...,
que la paella está a punto... Y que se va a pasar...

(*Todos corren con alborozo a la mesa.*)

VOCES. ¡Vivan los novios...! ¡Viva la mare e la
novia...! ¡Viva su pare...! ¡Viva yo...! ¡Viva la
Pepa...!
EL PETATE. (*Tratando de poner orden.*) Primero, la
novia. Que se siente primero la novia y aluego el novio.
A ver si hay cultura y formalidaz...
EL SALAMANCA. Los novios, en el lugar de honor.
En la presidencia...

(*Ahora van unos cuantos y cogen en hombros a los
novios y antes de sentarlos «en el lugar de honor»,
les dan la «vuelta al ruedo». Todos aplauden, agitan
pañuelos y cantan.*)

CORO:
Estaba la Nita y Nita
sentaíta en su balcón
Que toma la Nita y Nita.
Que toma la Nita y No.
¡Ay sí, ay no...!, etc.

UN GRACIOSO. Que les den la oreja. Que les den la
oreja... *(Pos fin sientan a los novios y todos los demás
ocupan sus sitios. Los marmitones traen las paellas y jarras de vino. Los chiquillos se sientan en el suelo. Hay
una gran alegría. En este momento entra, picado por la
curiosidad.)*

EL PINGAJO. Eh, madre Martina..., ¿qué hace ahí
lechuceando? ¿Es que nos vas a despreciar? Estás convidá tú también... y la concurrencia. Que la paella está
pa chuparse los dedos...

VOCES. Que se sienten..., que se sienten...

LA MADRE MARTINA. *(Persignándose.)* Dios me libre... Me iba yo a sentar en una mesa de salvajes...

POLI 1.º *(Que hace un rato que husmeaba con la
nariz el sabroso aliento de la paella.)* Pues, menda sí que
que va a probar una tajaíta, ya que los del tricornio se
hacen esperar. El olorcillo de la paella me aviva el apetito. *(A los otros.)* Ustedes hagan lo que les plazca. *(Se
sienta con un saludo.)* Saluz pa celebrarlo muchos años,
señores... *(Mete la cuchara, que le dan, en uno de los
paellones cercanos.)*

POLI 2.º Pues un servidor también se une a la fiesta..., que con esta brisa se me aviva el apetito. *(El Poli 3.º se añade sin decir más.)*

LA FANDANGA. Venga, mare Martina, que no se lo
diga...

LA CARMELA. No seas tonta, mujer...

EL PETATE. *(Mientras roe un hueso de pollo.)* A lo
mejor está desganá...

LA MADRE MARTINA. *(Que se ha acercado tímida-
mente a la mesa.)* Y tan desganá que estoy. Las penas me
quitan el hambre. Gozo me da veros comer así. Quién

109

pudiera... Probaré una tajaíta pa que no digáis que lo desprecio. *(Se sienta en un extremo de la mesa y coge pulcramente una tajadita de pollo. Las gentes comen con entusiasmo.)*

El Petate. Dije que iban a ser sonás las bodas del Pingajo y la Fandanga, y sonás lo están siendo...

El Pingajo. Y espera, compadre. Que pué que lo sean más entoavía...

El Petate. Que no se quede naide del barrio sin comer hoy. ¿No oyes, Tuerto?

El Tuerto. *(Que se ha añadido al convite, aunque va y viene continuamente.)* No te preocupes, que ya están las órdenes pertinentes. Ya se han llevao las paellas correspondientes pa los ancianos e impedíos y pa las madres lactantes. Aquí no es como en el Congreso, que naide se entiende. Aquí too está bien organizao...

El Salamanca. Ayer nos pasamos too el día de Dios haciendo listas y ni un gato se va a quedar sin su raspa...*(Gritando.)* ¡Viva el Pingajo y la Fandanga...!

Poli 1.º Pues la paella está superior...

Un Patoso. Comer, compañeros. Comer y beber; llenar bien la andorga que ya vendrán malos días...

El Petate. Acordaros del refrán: tripa llena, Dios alaba...

La Madre Martina. *(Dejando de comer y persignándose.)* ¡Ay, que Dios me perdone! *(Cierra los ojos y se traga la tajada. En este momento aparece una rueda de guardias que se sitúan en puntos estratégicos, encarando el arma hacia los comensales.)*

Un Guardia. ¡Ténganse todos y dense presos...!

(Gran silencio. Todos han quedado como petrificados, algunos con el manjar al nivel de la boca. Los tres Polis se apartan de la mesa y se unen a los guardias. La Madre Martina se escapa sigilosa.)

Poli 1.º *(Levantándose repentino y señalando al Pingajo, al Petate y al Salamanca.)* Éstos son, guardias. Éstos son los culpables...

Voces. *(Después del estupor.)* Vaya broma pesá...
¡Qué esaboríos! Es una broma..., etc. *(Pero los guardias han ido hasta donde están los tres y relucen las esposas. Los demás guardias siguen encañonando a los invitados.)*

La Fandanga. *(Abrazándose a su novio.)* No, no...

La Carmela. Si no hemos hecho ná... ¿Es que no se puén celebrar las bodas o qué?

El Pingajo. *(Resignado y ofreciendo sus muñecas a los guardias, junto con los otros dos.)* Pero, ¿no podríamos terminar de comer? Y ustés, señores guardias, ¿no quieren probar bocao? *(La gente empieza a escabullirse. Algunos intentan arrastrar con ellos alguna paellera, pero los guardias les cierran el paso.)*

Un Guardia. *(Deteniendo a los fugitivos.)* De aquí no se mueve nadie... *(Empieza a levantarse un coro de lamentos. La Carmela abraza a su marido.)*

La Carmela. Que no se los lleven, que no se los lleven... Si no han hecho ná... *(Los guardias han apretado el cerco y agrupan a todos en el centro de la escena, los tres culpables están ya esposados.)*

El Tuerto. Si entoavía no habíamos hincao el diente al lechazo [79]. El lechazo, señores, que está pa chuparse los deos.

La Carmela. *(Estallando en grandes exclamaciones, coreada por las demás mujeres.)* ¡Ay, qué desgracia tan grande...! ¡Ay, qué suerte tan negra...! ¡Y tan sonás que van a ser las bodas...! *(Se mesa los cabellos. Los guardias siguen encañonando a todos. Mientras el sol de la tarde aureola la figura de los tres delincuentes.)*

(Oscuro.)

---

[79] *lechazo:* comida exquisita. (La palabra en este contexto ha sufrido un cambio semántico donde se generaliza el sentido de el lechón o cerdo en crianza a la comida buena o sabrosa en general.)

Afueras de Madrid. Suaves y tétricas lomas castellanas. Agrietado cielo de amanecer. Un corro de mujeres envueltas en mantones se agrupa alrededor de una hoguera. Son las que se sentaban al banquete de bodas. En el centro del corro, la Vieja de los escapularios *termina de dirigir el rosario.*

La Madre Martina. *(Luego de persignarse y quedar en actitud de recogimiento.)* En cuanti que traigan al probecito, rezaremos la recomendación del alma. *(Pregunta con acento monjil.)* ¿Saben si ya confesó?

Una Mujer. Y tanto que confesó. Él y los otros. En la «Delega» confiesan toos...

La Madre Martina. ¡Ay, válgame Dios! Lo que yo pregunto es si hizo confesión general con sacerdote...

Otra Mujer. Eso, allá él con su conciencia... Pobre Pingajo, y lo bien que le sentaba el uniforme de húsares...

Otra Mujer. Mismamente paecía propio. Dicen que se retrató en Casa Campúa como los infantes de sangre real.

Otra Mujer. Y un príncipe era, que se acordó siempre de los suyos, lo que no hacen los de veras... ¿Y qué mujeres como nosotras que no lo defendimos con las uñas y los dientes?

Una Mujer. Bien de improviso que nos pillaron con las manos en la paella. El chasco nos cortó la respiración... Pues, ¿y el pobre tío Petate?... Un hombre tan cabal y tan señor...

Otra Mujer. Pues mira que esa criaturita que enviuda tan joven... ¡Qué desgracia tan grande...!

OTRA MUJER.   Y esa pobre suegra...

OTRA MUJER.   ¡Ay, qué desgracia, Dios mío...!

LA MADRE MARTINA.   Nosotras, pobres de nosotras, no podemos hacer otra cosa que rezar por su alma.

UNA MUJER.   Ya está amaneciendo. No puén tardar.

OTRA MUJER.   Mía que si nos habemos equivocao y no lo afusilan aquí...

UNA MUJER.   Aquí afusilan a toos... Por no han visto poco estos ojos que se han de comer la tierra...

OTRA MUJER.   ¡Ay, pobrecito Pingajo...!

LA MADRE MARTINA.   Los hombres que se ciegan por los dineros...

UNA MUJER.   Y dicen que no lo han dejao ver a la viuda ni a la suegra.

OTRA MUJER.   ¡Ay, probe Carmeliya, que ayer ajustician al marío y hoy al «nuero» [80]...!

LA MADRE MARTINA.   Líbrenos Dios de todo mal...

UNA MUJER.   Hay que ver con qué entereza murió el tío Petate... Era too un hombre...

OTRA MUJER.   Cómo abrazó a los Hermanos de la Caridad y cómo se despidió de toos y qué tranquilo estaba cuando lo pusieron el anillo y con qué resinación cerró los ojos...

UNA MUCHACHA.   Paecía mismamente que dormía...

UNA MUJER.   Y mañana le toca al Salamanca, ¿no?

OTRA MUJER.   Ése no me da lástima. Era un zángano...

OTRA MUJER.   Pos a mí me regaló unos pendientes...

LA MADRE MARTINA.   Al probe Pingajo lo ajustician entre dos ladrones, como a Cristo Nuestro Señor, venturoso él...

UNA MUJER.   A él lo afusilan por el aquel del fuero melitar.

UNA MUCHACHA.   En eso sale ganando, porque dicen que es muerte de honra.

UNA MUJER.   Habrá que verlo morir. Como un húsar...

---

[80] *nuero:* yerno.

OTRA MUJER.   Tendría chiste que no lo trajeran acá...

OTRA MUJER.   Aquí va a ser, que me lo dijo mi compadre que es sargento de Pavía.

LA MADRE MARTINA.   Aquí esperamos nosotras, pa rezarle la recomendación del alma...

UNA MUJER.   Pos también tendría chiste que no habían sío ellos los del atraco...

UNA MUCHACHA.   Tampoco sería la primera vez...

OTRA MUJER.   Porque en esta España nunca ha habío justicia con el pueblo. Ni justicia, ni vergüenza, ni ná...

UNA MUJER.   Lo que yo digo es que no somos mujeres y que ya no quean riñones en los Madriles, sino que habíamos tenío que tirarnos a ellos y hacerles trizas la piel, que pa eso Dios nos dio las uñas.

LA MADRE MARTINA.   Dios lo ha querío de otro modo. En el cielo le esperará la gloria...

OTRA MUJER.   Ya está casi amanecío y no se oye ná... Mía que si tenemos que irnos por donde habemos venío...

UNA MUJER.   Pos más vale así, porque yo no sé cuando lo vea entre los fusiles si no me tiro a ellos y los desgracio.

OTRA MUJER.   Bien se ve que no conoces la ley marcial[81], porque si no, no hablarías así.

UNA MUJER.   (A la otra.) ¿Y tú conoces esa ley?

OTRA MUJER.   Mi compadre el sargento me lo ha explicao. Hazte cuenta que si das un grito tan sólo, te colocan a ti también en el paredón...

UNA MUJER.   Esa es la justicia de España.

UNA MUCHACHA.   Callen un momento. ¿No oyen? (Escuchan todas. Se oye lejano toque de diana en el cuartel próximo.)

OTRA MUJER.   El toque de diana. Ya mismo lo traen... El pobrecito...

OTRA MUJER.   A mí ya me tiemblan las piernas...

---

[81] *la ley marcial:* ley severísima militar, por la que se pedía condenar a un hombre por el mínimo motivo y sin defensa de la ley civil.

Otra Mujer.   Yo siento un ahogo en el pecho...

Una Mujer.   ¿Aónde está la bandera? ¿La tenéis ahí?

Otra Mujer.   (*Sacando del pecho un pañuelo con los colores nacionales.*) Aquí la tengo yo...

Otra Mujer.   Bien merece el probe que lo envolvamos en la bandera, como los soldaítos que mueren en campaña...

Otra Mujer.   Más le valía haberse quedao en la Manigua.

Otra Mujer.   Pos no sé si dejarán envolverlo en la bandera... Mi compadre el sargento debe saberlo...

Una Mujer.   Estaría de ver que no le pudiéramos enterrar como queremos...

La Madre Martina.   Cristianamente es cómo hay que enterrarle...

Una Mujer.   Y envuelto en la bandera, señora, envuelto en la bandera.

Una Muchacha.   Se oyen pasos... Deben ser ellos... (*Las mujeres, asustadas, escuchan.*)

Una Mujer.   Paece que ya están aquí. ¿Y cómo no suena el tambor?

Otra Mujer.   La ley marcial no tié tambor...

Una Muchacha.   (*Que se había separado del grupo para otear el horizonte.*) Sólo veo dos bultos... No son ellos...

Una Mujer.   Y vienen llorando...

Otra Mujer.   ¡Ay, si paece la Carmela...!

Una Muchacha.   Es la Carmela y la Fandanga...

Una Mujer.   ¡Ay, me alegro que el pobrecito tenga algún pariente suyo en el último momento, ya que también tié la desgracia de ser hespiciano... (*Entran la Carmela y la Fandanga envueltas en mantos negros.*)

La Carmela.   (*Llorando.*) ¡Ay, madre de mi alma...! ¡Ayer vi morir a mi marío y hoy tengo que ver al marío de mi hija...! ¡Ay, qué desgracia la mía...! (*Va abrazando y besando a las mujeres.*) ¿Qué habremos hecho en el mundo? (*Retrocede al ver ante sí a la Madre Martina.*) ¿Tú también, zorrona? Júas Iscariota..., ¿entoa-

115

vía quiés besarme cuando fuiste tú la que te chivaste a la Poli?... Marrana.

LA FANDANGA. (*Llorando.*) ¡Ay, madre...!

UNA MUJER. (*Apartando a la beata.*) Aparte, mujer... (*A la* CARMELA.) Cálmate, Carmela, y deja esta cuistión, que con eso no vas a arreglar naa. Y si chivateó ésta o no chivateó no lo sabremos nunca... Lo que tiés que hacer es calmarte... Ven aquí. (*A las otras.*) ¿Quea una miaja e recuelo[82]?

OTRA MUJER. Por ahí anda el puchero... (*Unas cuantas mujeres se llevan a la chica donde hay un puchero a la lumbre. Las otras contemplan con recelo a la beata.*)

UNA MUCHACHA. (*Reconviniendo a la* MADRE MARTINA.) Tamién usté...

LA MADRE MARTINA. Pero si son calurnias. ¡Calurnias! Yo no sabía na, y que Dios me castigue si miento. Lo que pasó fue que en saliendo de la venta me encontré con aquellos hombres, que me preguntaron si se celebraba una boda, y yo les dije que sí. ¿Qué iba a decirles? Ni qué sabía yo si eran de la Policía o no lo eran... Que me quede aquí muerta, si miento... (*Conforme hablaba, se volvía a unas y otras. Pero todas la vuelven la espalda y se agrupan en torno a las atribuladas* CARMELA *y* FANDANGA. *La beata se sienta aparte y vuelve a sacar el rosario.*)

UNA MUJER. (*A la* CARMELA, *ofreciéndola el puchero.*) Bebe un sorbito e café... (*A la* FANDANGA.) Y tú tamién, pequeña... ¡Ay, pobrecita, y qué ojos de pena tiés, que mismamente paeces la Dolorosa...!

OTRA MUJER. Tiés que perdonarla, mujer...

LA CARMELA. Tengo unos nervios que no sé lo que hago... Ayer vi morir a mi Petate e mi alma... Lo vi hasta el último momento, y se despidió de mí con una mirá que lo decía too, too...(*La* FANDANGA *irrumpe a llorar con grandes sollozos.*) ¡Calla, hija!; ¡calla, hija mía! Huérfana y viuda en pocas horas... ¡Qué desgracia la nuestra...!

---

[82] *¿Quea una miaja e recuelo?*: popularmente «recuelo» son los residuos del café.

116

UNA MUJER. Cálmate, mujer, cálmate... Mira, habemos traío la bandera pa envolverlo, como se hace con los gloriosos. (*Extiende ante ella la bandera española. La* CARMELA *coge una punta del paño y se la lleva a la mejilla. En este momento empieza a oírse el lejano toque de tambor, que va acercándose.*)

UNA MUJER. El tambor..., el tambor... Ya vienen... Ya vienen... (*Las mujeres corren a un lado para ver la comitiva y abandonan a las dos atribuladas que sostienen la bandera entre sus manos.*)

UNA MUJER. Ahora sí que son... Ave María Purísima...

LA MADRE MARTINA. Vamos a rezar la recomendación del alma...

UNA MUCHACHA. ¡Cuántos vienen!... Paece un batallón...

LA CARMELA, (*Se levanta seguida por la* FANDANGA. *En el suelo queda el jirón de la bandera nacional, que empieza a iluminar el sol.*) Yo quiero verlo... Yo quiero verlo... Quiero verlo... (*Las mujeres la apartan.*)

UNA MUJER. Ten calma...

LA CARMELA. Un beso, que nos dejen darle un beso...

UNA MUCHACHA. Ya lo veo. Lo estoy viendo. El probe. Mirad, mirad...

VOCES. Probe... ¡Qué pálido está...! ¡Cuánto debe sufrir...!

LA CARMELA. (*Se agita nerviosa. Tiene a la* FANDANGA *agarrada a su cintura.*) Pero ¿aónde está? ¿Aónde? Si estoy como ciega... Si es que no veo ná..., no veo ná... (*El estruendo del tambor alcanza un grado ensordecedor. Las mujeres se apartan arrastrando a la* CARMELA *y a su hija, mientras la beata sigue inconmovible su rezo.*)

VOZ DEL OFICIAL. ¡Alto...! (*La voz ha sonado cerquísima. El chocar de los talones coincide con el enmudecimiento del tambor. Las mujeres se agrupan sollozando. Aparece el teniente de los bigotes, ya conocido, con el sable en alto, que las impide avanzar. Retroceden las mujeres asustadas ante el relampagueo de la hoja.*)

EL TENIENTE. *(Llamando.)* ¡Sargento...!, ¡sargento...!

EL SARGENTO. *(Apareciendo.)* A las órdenes de uzté...

EL TENIENTE. *(Señalando con el sable una divisoria ante las mujeres.)* Ponga aquí una escuadra de hombres y que no se acerque naide a una legua... Venga... *(A las mujeres.)* ¡Apartarse...!, ¡apartarse...! *(Gritos de las mujeres. Una de ellas rueda por el suelo. Cinco soldados las van haciendo retroceder.)*

LA CARMELA. Quiero verlo... Quiero darle un beso... El beso de despedida... *(A la* FANDANGA.) ¡Grita...!, grita tú también...! *(La* FANDANGA *llora.)*

SOLDADOS. Venga retirarse..., retirarse, que no se pué estar aquí... Retirarse... *(Las empuja hacia el otro extremo de la escena.)*

UNA MUJER. Tener compasión de una madre y de una esposa...

SOLDADOS. Que sus apartéis... Si lo vais a ver bien toas... Desde aquí lo poéis ver, leche... *(Han apartado también a la beata que vuelve a arrodillarse junto a las mujeres.)*

EL TENIENTE. *(Moviendo el sable.)* ¡Más atrás...!, ¡más atrás...! *(Los soldados vuelven a empujar.)*

LAS MUJERES. Tener compasión de una madre... No lo matéis..., no lo matéis..., no lo matéis... *(Esta frase la van diciendo de una manera rítmica, mecánica y escalofriante. El* TENIENTE *recorre el espacio libre a grandes zancadas. Tropieza con el paño de la bandera y la da un puntapié apartándola hacia donde estan las mujeres. Una de ellas sale de la fila, entre los soldados, y la recoge apretándola contra el pecho. Vuelven las mujeres a cantar aquello de «no lo matéis» que suena como una especie de oración.)*

EL TENIENTE. *(Gritando.)* ¡El reo...! *(Traen entre dos soldados al* PINGAJO, *pálido y ojeroso. Lleva el uniforme de gala de soldado raso. Naturalmente, sin insignias ni hombreras. Los brazos atados codo con codo. Al aparecer aumenta el clamoreo de las mujeres. El* PINGAJO *dis-*

118

tingue a la FANDANGA *y a la* CARMELA, *que llaman a gritos. Se yergue muy solemne y las mira con ternura. Al* SARGENTO.) Dispón el cuadro... Vivo, que hace un frío que pela... *(Al* PINGAJO, *que tiembla de frío y de miedo.)* A ti no te pregunto cuál es tu última voluntá, porque ya se sabe que me vas a decir una de tus majaderías y no estoy pa líos. Quien mal anda, mal acaba, muchacho... Yo lo único que te digo es que hice too lo posible pa salvarte y que lo siento... *(Se echa mano al bolsillo trasero del pantalón y saca una botella de aguardiente.)* Así que échate un trago y a ver si te portas como los hombres... *(Le pone la botella en la boca como si fuera un biberón y el reo bebe ávido. Parte del líquido se derrama en su pechera.)* Bebe, bebe más, a ver si no te enteras de ná... *(El otro bebe con avidez. Cuando termina le relucen los ojos.)*

EL PINGAJO. *(Con voz ronca.)* Gracias... A su saluz...

EL TENIENTE. *(A los soldados que lo custodian.)* Vamos... *(Camina delante de ellos con el sable al hombro. Se detienen y señala un lugar con el sable.)* Aquí... *(Luego, a patadas, apaga la hoguera que habían encendido las mujeres, avienta las brasas, da una patada al puchero que rueda hacia las mujeres. Coloca al* PINGAJO *dando frente al piquete que se supone fuera de la escena. El* PINGAJO *vuelve la cara hacia las mujeres. El* TENIENTE *ordena a sus soldados, con un gesto, que se incorporen al piquete. Antes de dejar solo al reo, saca un cigarrillo, lo enciende y se lo pone en los labios al* PINGAJO.) Anda, fuma... *(Le da una palmada en la espalda y se retira. El* PINGAJO *se queda solo como un auténtico pingajo, medio escoreado hacia un lado, con la cabeza colgando y el cigarrillo colgando del labio. Tiene los ojos extraviados.)*

LAS MUJERES. No lo matéis..., no lo matéis... *(Desaparece el* TENIENTE.)*

VOZ DEL TENIENTE. Rodilla en tierra... ¡Ar! *(Pausa. Estallan los chillidos de la* CARMELA.) Carguen... ¡Ar! *(Se oye el ruido de los cerrojos al cargar el arma y el pobre* PINGAJO, *que ha cerrado los ojos, se desploma en*

119

el suelo. Aparece el TENIENTE *enfurecido y avanza hacia el caído* PINGAJO.)

EL TENIENTE.   ¡Será gilí este tío!... ¿Pos no se ha desmayao? *(Llamando.)* Sargento... *(Viene corriendo el* SARGENTO.) Mande usté firmes, no sea que esos cafres nos asen a tiros... *(Desaparece el* SARGENTO *y se oye su voz de mando.)* Venga aquí otra vez, sargento... *(El* SARGENTO *vuelve de nuevo.)* Amos a ver si le hacemos volver *en sí. (Le agitan entre los dos. Le dan cachetillos en la cara. El* PINGAJO *abre los ojos asombrado y les mira como si ya estuviera en el otro mundo.)* Venga, lévantese... *(Le levantan entre los dos. El* PINGAJO *está desorientado.)* Aquí no hay mala estaca donde atarle... Ni una mala tapia... Mira que tengo dicho veces que éste no es sitio pa fusilar... *(Al* PINGAJO.) Y a ver si no estás tan atontao tú ...A ver si eres hombre... Que paeces una mujercilla tú también... Hasta que no oigas el disparo no te tiés que mover... Quieto ahora. *(Le deja bien colocado, como si fueran a hacerle una fotografía, y vuelve de prisa a desaparecer.)*

VOZ RÁPIDA DEL TENIENTE. Carguen... ¡Ar...! Apunten... ¡Fuego! *(El* PINGAJO *ha empezado a caer a la primera voz. Pero la descarga le coge de rodillas y rueda por el suelo.)* Descarguen... ¡Ar! *(Entra y cruza la escena a grandes zancadas. Se coloca ante el bulto del* PINGAJO, *de espaldas al público y abriendo bien las piernas, le da el pistoletazo de gracia mirando para otro lado. El bulto se sacude de nuevo. El* TENIENTE *cruza de nuevo la escena mientras ordena.)* ¡Vamos, sargento, armas al hombro y desfilen! *(Los soldados que contenían a las mujeres se retiran tambíen. El tambor vuelve a batir. El tambor se va alejando. Las mujeres han quedado petrificadas sin moverse. Se arrodillan. Dos mujeres cogen el paño de la bandera y avanzan hacia el cadáver. Detrás van las otras llevando abrazadas a la* CARMELA *y a la* FANDANGA. *Cubren el cadáver con la bandera y se arrodillan alrededor mientras cae el telón.)*

Flor de Otoño

PERSONAJES QUE INTERVIENEN

— *De la familia Serracant:* DOÑA NURIA DE CAÑELLAS; LLUISET, su hijo; PILAR, la criada; UN SEÑOR GORDO Y CALVO, tío de Lluiset; UN SEÑOR FLACO, tío de Lluiset; UNA SEÑORO RUBIA, tía de Lluiset; UNA SEÑORA REGORDETA, tía de Lluiset; UN SEÑOR JOROBADO, tío de Lluiset.

— *Del Bataclán Cabaret:* FLOR DE OTOÑO; RICARD; SURROCA; EL PORTERO; LA DEL GUARDARROPA; UN CAMARERO; EL VIUDO DE «LA ASTURIANITA»; POLICÍAS; PÚBLICO EN GENERAL.

— *Del Cuartel de Atarazanas:* UN TENIENTE; UN CABO; UN SANITARIO; VARIOS CALOYOS; DOS BUSCONAS.

— *De la Cooperativa Obrera del Poble Nou:* LA NOIA DEL BAR; UN CAMÁLIC CATALÁN; UN CAÁLIC ANDALUZ; UN CAMÁLIC GALLEGO; UN CAMÁLIC MURCIANO; ESTUDIANTE 1.º; ESTUDIANTE 2.º; ESTUDIANTE 3.º; GUARDIA CIVIL 1.º; GUARDIA CIVIL 2.º; OBREROS.

— *De la Prisión Militar de Montjuich:* UN SACERDOTE QUE HACE LAS VECES DE HERMANO DE LA PAZ Y CARIDAD; EL TENIENTE-DEFENSOR; EL COMANDANTE DE LA FORTALEZA; UN CENTINELA.

— *Gente de la calle:* UN VIGILANTE NOCTURNO; DOS DE LA POLICÍA SECRETA; UNA MODISTILLA Y SU GACHÓ; UNA CORISTA DE LA COMPAÑÍA DE SUGRANYES; DAMAS Y CABALLEROS DE LA ALTA SOCIEDAD, etc.

Acción: En Barcelona, durante los primeros meses del año 1930.

Flor de Otoño: una historia del Barrio Chino

Primera parte

Nuestra historia empieza en un mes de enero del año de gracia de 1930 y en una residencia burguesa del ensanche barcelonés. Noche fría de luna. Ésta, la luna, se refleja, azulada y misteriosa, en los espejos del saloncillo de la Señora Cañellas, *viuda del que fue miembro del gobierno maurista, don Lluis de Serracant, hijo a su vez de un general que anduvo a la greña en Cuba y Marruecos a las órdenes del glorioso general Prim Prats, con lo cual a la viuda Serracant, o* Señora Cañellas, *le vendría a quedar un buen pasar y no debidamente a la pensión del difunto, sino a ese sentido de la previsión en que los catalanes siempre fueron maestros. El saloncillo de la* Señora Cañellas, *iluminado por los reflejos de la luna, al filo de la madrugada de una fría noche de enero, dice el «qué», el «cómo» y el «porqué» de la vida de sus habitantes. Clase burguesa entre las burguesas anunciada por aquella chimenea de mármol blanco, en la que brilla el rescoldo del último fuego; sobre la repisa no faltan los relojes de sonería, la porcelana china y algún recuerdo de las campañas tagalas de los compañeros de su difunto; el mismo general, compañero de armas de* Prim, *preside* el testero de la chimenea y aparece aureolado por el resplandor lunar y por un «xic» del reverbero urbano (pues claro está que nos hallamos ante un piso principal). Hermosa alfombra persa. Butacas y sofás de peluche granate. Dorados. Cornucopias. Filigranas. Pliego enmarcado en plata con firmas adulonas de subordinados. Fotografías añejas de damas en trance de salir del «gran teatro del Liceo». Mariposas clavadas en la pared (anuncio del culto a la naturaleza propio del país). Piano. Un pajecillo en bronce, mezcla complicada de Cupido y Mercurio, levanta un afiligranado farol. La vida de la calle penetra a través de los gruesos cristales de la «tribuna» (así llaman en Barcelona al mirador), cristales de colorines orientales, efluvios del Bósforo, enmarcados en una afiligranada piedra a estilo de Gaudí. La luz de la luna, al entrar por los cristales de colorines, forma hermosos arco iris que nos explican la solidez, la tiesura, la firmeza de esta casa que permanece sólida —en este año de 1930—, aunque se vea obligada a cambiar de color según el giro eterno —indeclinable— de la luna.

Silencio augusto. A tales horas en esta casa se duerme como es de ley. Sólo se oye el tranvía. El paso furtivo de algún automóvil. El traqueteo de un coche que empieza a traer a los señores del «Liceo». Alguna copla de borrachos que cantan cosas como ésta: «Pistolers i rebassaires-pistolers i rebassaires, tururú, tururú... —pistolers i rebassaires— et van a dozar pel cul...» Coplas de murcianos catalanizados, o al revés, que tanto abundan en estos tiempos en que sabe Dios dónde vamos a parar. La fotografía de Su Majestad Don Alfonso XIII (dedicada con su elegante rúbrica) parece estremecerse ante estos desafueros, pero la presencia contigua de un Niño Jesús en un fanal, entre flores de papel, confeccionadas por las monjitas de María Auxiliadora, hace mantener la compostura al monarca.

Y en este silencio matizado, de pronto, inesperadamente, suena un timbrazo que estremece toda la casa. Un timbrazo plebeyo, soez, grosero, inmisericorde, criminal, que hace tambalearse todo. Tiembla el retrato del rey, tiem-

124

blan los bigotes del apuesto general pintado al óleo, tiembla el Niño Jesús, las flores de papel. Un timbrazo y otro timbrazo. ¿Cómo es posible que a semejantes horas alguien se atreva a llamar de este modo a una casa decente y además lo haga por la puerta principal y no por la de servicio? Inaudito. Resulta tan insólito el hecho que nada, ni nadie, responde a semejante llamada. ¿La casa está vacía? Eso parece. Pero no. A la décima llamada del timbre ya se oyen voces, rumores, desasosiego. Se percibe una frase femenina airada y terrible: «¿I ara?... Pero ¿i ara?» Algo se avecina sobre aquella quietud. El timbre ha puesto en movimiento todo un mecanismo de jadeos, de pasos, de ahogos, de toses.

VOZ FEMENINA AIRADA.   Pero ¡Pilar! ¿Qué hace usté? ¡Ay Deu, Senyó...!

OTRA VOZ FEMENINA.   Ya voy, señorita, ya voy, señorita. ¡Ay, bendito Dios...!

LA PRIMERA VOZ.   ¡Abra, abra usted...! ¡Pilar...!

LA SEGUNDA VOZ.   ¿Abro, señorita?

LA PRIMERA VOZ.   ¡Abra...!

(El timbre sonaba y sonaba. Ahora hay una pausa tensa, terrible, expectante. Y en seguida el grito de la criada. Grito de folletín amargo y estrangulado.)

LA SEGUNDA VOZ.   ¡Ay...! ¡Pistoleros...!, ¡pistoleros...!

LA PRIMERA VOZ.   ¡Ay, mare meva...! (Se oyen pasos que avanzan hacia el salón.)

UNA VOZ VARONIL.   (Que tapa las voces de las mujeres.) ¡Calli, dona, calli...! (En otro tono.) Ustedes se quedan aquí... ¡Eh, vusté...!

LA PRIMERA VOZ.   ¡I ara!

OTRA VOZ VARONIL.   ¿Por dónde, don Ambrosio?

LA PRIMERA VOZ VARONIL.   ¡Que se calli, dona...! ¿Qué la pasa? ¿Está bocha?[1]

---

[1] ¿Está loca?

(En este momento es cuando irrumpe en el salón DOÑA NURIA CAÑELLAS *entre el frufrú y el revoloteo de un salto de cama elegantísimo, en chanclas, despeinada, y se dirige como un vendaval hacia el mirador, tan ciega que no se da cuenta cómo los flecos del salto de cama se enganchan al retrato de don Alfonso XIII que rueda por el suelo. Ella, la* SEÑORA CAÑELLAS, *abre el mirador y sin parar mientes grita:* «¡Vigilant...!, ¡vigilant...!, ¡vigilant...! ¡Socorro...!, ¡pistolers!, ¡pistolers...! *(Y precisamente tras ella entra en el salón el* VIGILANTE, *a quien invoca la* SEÑORA CAÑELLAS, *con su uniforme azul marino y sus galones verdes. Tras el* VIGILANTE *se mueven otras formas con aire de «gansters» de Chicago.)*

EL VIGILANTE.   Estic ací senyora... Senyora..., ¿que no era veu, que estic ací?... *(La coge por un brazo y ella se vuelve y le mira asombrada.)* Estic ací, dona...

LA SEÑORA CAÑELLAS.   ¡I ara!

EL VIGILANTE.   Está clar... he pujat amb los senyors... *(Y señala las dos figuras que están en la puerta del salón, apoyados en la cristalera. Respirando fuerte por encima de sus bigotazos, hartos de tocar el timbre y de tantas narices, deseosos de terminar la noche en el Barrio Chino.)*

EL VIGILANTE.   Aquests senyors, son de...

LA SEÑORA CAÑELLAS.   *(Cortándole.)* ¡Pistolers...!

(Uno de los bigotudos ya no se contiene más y avanza altivo hacia la SEÑORA.)

POLICÍA 1.º   De la policía secreta, señora. *(Y el muy guaja hace una reverencia.)*

LA SEÑORA CAÑELLAS.   ¡I ara!... ¡Pistolers, pistolers...!

EL VIGILANTE.   Ascolti, senyora...

(El primer policía ya se ha dejado de mandangas y haciendo un guiño al otro han empezado a registrar todo el salón. El PRIMER POLICÍA *lo primero que ha hecho*

es recoger el retrato, con el cristal roto, de don Alfonso XIII y lo mira. El otro levanta las butacas, abre los cajones, etc. La SEÑORA DE CAÑELLAS *está estupefacta.)*

LA SEÑORA CAÑELLAS. ¿Aleshores?... Aixó es la revolució?... ¡Mare meva santísima!... *(Se desmaya en los brazos del apuesto* VIGILANTE, *que había intentado sin éxito mostrarla el papel con la orden de registro.)*

EL VIGILANTE. ¡Apa!..., ja hi son tots...

POLICÍA 1.º *(Mientras sigue su búsqueda.)* Dela unos cachetitos en la espalda.

POLICÍA 2.º *(Al primero.)* Una pistola, mire... *(Le muestra una pistola.)*

POLICÍA 1.º A ver...

EL VIGILANTE. *(Que ha dejado a la* SEÑORA *sobre el sofá.)* ¡Senyora...!, ascolti... ¿I l'altra dona? ...¿Y la chica? (Detrás de la puerta de cristales se asomaba ya el bulto de una criatura llorosa, hiposa, sin atreverse a dar un paso; pero al ver el cuerpo de la* SEÑORA *yaciendo en el sofá, en un arranque de valentía, atraviesa la frontera del salón.)*

PILAR. ¡Señora...! ¡Señora! ¡Ay que mataron a mi señora...!

POLICÍA 2.º *(Mirando a la* CRIADA.) ¡Otra que rediez...!

EL VIGILANTE. *(A la* CRIADA.) No es res, noia... No pasa nada... ¡Un síncope...!

PILAR. ¡Ay, madre...!

EL VIGILANTE. La dé friegas en la espalda, dona... *(Total que ya tenemos la escena montada; la* SEÑORA *en su desmayo, la* CRIADA *compungida, el* VIGILANTE *resolviendo tamaña papeleta y los inspectores con las manos en lo suyo.)*

(Y toda la escena se queda quieta formando la estampa claroscura de una ilustración de novela con algo de la tierna sordidez colorista de un «Ramón Casas», por ejemplo. Hasta que de pronto la «mestressa» de la

127

casa da un respingo y se yergue repentina. Su busto opulento destaca en la penumbra, la bata cayéndola por el hombro como una reina ultrajada. Ahora la escena está iluminada por la araña y el farol del «niño-Mercurio» que la CRIADA *y los* POLIS *fueron encendiendo.)*

DOÑA NURIA. *(Avanzando mayestática hacia los* POLICÍAS.) Muy señores míos...

EL VIGILANTE. Ascolti, aixó, que...

PILAR. Cálmese, señora...

DOÑA NURIA. *(Al* VIGILANTE *y a la* CRIADA.) ¡Atrás...! *(Y su brazo al conminarles a que retrocedan nos recuerda un gesto de la ilustre María Guerrero. A los* POLIS *que están en lo suyo revolviendo el saloncillo.)* ¡Muy señores míos...!

POLICÍA 1.° *(Volviéndose a ella.)* Estamos listos. Un segundo nada más, señora...

DOÑA NURIA. *(Ahora ya colérica.)* ¡I ara...!

EL VIGILANTE. *(Al* POLICÍA.) Díganla que son ustedes unos mandaos, home...

POLICÍA 2.° Nosotros no estamos pa mandangas, amigo...

DOÑA NURIA. ¡Estic en la meva casa...! ¡Esta es mi casa! ¡Soc la vidua de Serracant...!

PILAR. *(Como un eco.)* Esta es la casa de la señora viuda de Serracant...

DOÑA NURIA. Por más que se haya terminado la dictadura, gracias a Dios, creo que me están ustedes atropellando...

POLICÍA 1.° *(Limpiándose las manos y llevando el retrato roto de Alfonso XIII debajo del brazo.)* Sí, señora. Eso es. Lo que usted ha dicho. *(Señalando al* VIGILANTE.) Aquí tié la orden de registro. En casa del señor Luis de Serracant y Cañellas. Orden de registro y *(sacando una papeleta del bolsillo)* esta citación, pa que se presente dicho sujeto mañana por la mañana en la Comisaría del distrito...

POLICÍA 2.° ¡Apa, ya está...!

(Las palabras dichas deprisa y corriendo, pero con una claridad y un acento murciano ostensibles han tenido la virtud de dejar muda y atónita a la ilustre dama.)

EL VIGILANTE. *(Que ha cogido el volante de citación que la* SEÑORA *despreció.)* «Por la presente comunico a usted, que deberá presentarse... *(La* CRIADA *llora.)*

DOÑA NURIA. *(Colérica y dando un manotazo al* VIGILANTE *que suelta el papel.)* ¡Prou! ¡Basta, he dicho, basta! ¿Me oyen? ¡Basta, basta y basta...!

(Los POLICÍAS *ya han actuado y desmontado todo. Se llevan varias cosas: el retrato real, una pistola, unos papeles.)*

POLICÍA 1.º *(Haciendo una reverencia a la* SEÑORA.) A los pies de usted, señora...

DOÑA NURIA. ¡Pistolers, murciano, trabucaire [1 bis]...!

EL VIGILANTE. ¡Señora, señora...!

POLICÍA 2.º ¡Miá tu la tía [2]...!

POLICÍA 1.º Uno ya tiene «el cul pelat» [3], que dicen ustedes los catalanes, en estos menesteres, dicho sea con perdón, para sentirse ofendido y elevar un parte por desacato. Ahí queda eso. ¡Y a pasearse por la Exposición Internacional...!

DOÑA NURIA. ¡Grosero, tío cuchinu...!

PILAR. *(En un acto de inaudito atrevimiento va hacia el* POLICÍA *y le da golpecitos en la solapa.)* ¡A mi señora no la insulte, a mi señora no la insulte...!

DOÑA NURIA. *(Acogiendo en su regazo a la llorosa* SIRVIENTA.) No ploris, nena, no ploris... *(Y la voz se la quiebra.)*

POLICÍA 1.º Respete usted señora que...

[1 bis] *trabucaire:* bandolero en Cataluña.

[2] *miá tú la tía:* expresión popular que revela la incultura del policía. «Mira tú la tía», semánticamente equivale en este caso a llamarla o querer decirle histérica u ordinaria.

[3] *cul pelat:* culo pelado.

5

EL VIGILANTE.   Aquí son unos mandaos, señora...

DOÑA NURIA.   ¡Fuera de aquí, ladrones, lladras...!

POLICÍA 1.º   Nosotros habemos cumplío. *(Al otro.)*
Tira, ninchi [4]. Y a ver si procura usted cuidar mejor de su
«nen» y no anda metío en el Barrio Chino... *(Y dicho
esto se larga. La palabra «barrio Chino» relacionada con
el «nen» queda temblando en la mente de la* SEÑORA CA-
ÑELLAS. *Atónita no acierta a ver qué relación puede haber entre esas cosas. El portazo de la puerta de la escalera anuncia la retirada de los* POLICÍAS. *El* VIGILANTE *no
sabe qué hacer.)*

DOÑA NURIA.   ¿Qué han dit del «Barrio Chinu»?
(Pregunta a la CRIADA.*)*

PILAR.   ¡Ay, yo estoy mala, yo me pongo malaaa...!

EL VIGILANTE.   Senyora, aixé, no fasi cas...

DOÑA NURIA.   ¿Qué fa vuste aquí? ¿Qui li ha de-
manat [5]. ¿Eh?

EL VIGILANTE.   Ascolti, senyora, jo...

DOÑA NURIA.   ¿Qué fa vusté aquí? ¡Fora d'aquesta
casa! ¡Vaja un vigilant, vaja un vigilant...! *(El* VIGI-
LANTE *retrocede asustado.)* Vigilant-pistoler, vusté. Ja
tornará a venir Nadal, ja, ja tornará vusté a demaná aguinaldu... y ja li donarem aguinaldu a vusté, ja vurá prou,
ja... *(El* VIGILANTE *ha retrocedido y se ha marchado como
alma que lleva el diablo. Las dos mujeres ahora, en el
espasmo de la madrugada se miran, dan un grito y se
abrazan llorando. Están un rato llorando las dos abrazadas, hasta que* DOÑA NURIA *se separa con cierto asco de
ella y grita.)*

DOÑA NURIA.   ¡Las joies, las joies...!, ¡mis alhajas,
mis alhajas! ... *(Entre el estropicio del resgistro abre ca-
joncillos, secreteres, rebusca.)* Están aquí, sí, no las han
tocat... Pendientes, sortijas...

PILAR.   *(Llorosa.)* ¡Se han llevao el retrato de Su Majestad...!

DOÑA NURIA.   El pendentif de Montecarlo, las arra-

---

[4] *ninchi:* expresión popular, muchacho.

[5] ¿Qué hace usted aquí? ¿Quién le ha llamado?

cadas[6] de mi madre... *(Se vuelve de pronto y* **grita.***)*
¿Y el nen? ¿Dónde está el nen?

PILAR. En el Liceo, señorita. Hoy tenía Liceo, señora...

(Corre DOÑA NURIA *al teléfono y marca un número. Está nerviosa. Vuelve a marcar.)*

PILAR. *(Que está temblando.)* Voy a calentarla un poco de tila...

DOÑA NURIA. Te la bebes tú que más falta te ha... *(Al teléfono.)* Montse, ¿es la Montse? ¿No está la Montse? *(Aparte.)* ¡Ay, mare de Deu Santísima...!

PILAR. Un poco de tila...

DOÑA NURIA. *(Apartándola.)* ¡Quita...! *(Al teléfono.)* Ay, Montse. Ascolta nena. ¿Habeu vist al Lluiset?... Sí, sí... Aixó que... ¿Era al Lliceu?... Sí... ¡Ay, dexa ara la Toti dal Monti...! ¿Al resopon[7]? ¡Ay!, es que... Sí, sí... Es que... Ascolta... *(Tapando el teléfono, pero más tranquila.)* Ay qué angunia de Montse...

PILAR. *(Acercándola una bandeja con el servicio.)* La tila...

DOÑA NURIA. Es que, ascolta, Montse, dona, ascolta... ¿Saps lo que em passa?... Em passa una cosa... *(La escena se oscurece.)*

Tras el oscuro se proyecta en el escenario una página de periódico con el siguiente contenido:

En grandes titulares: Espantoso crimen en el Barrio Chino: «*En un reservado de la Criolla aparece muerto el imitador de estrellas conocido por la Asturianita.*» *En letra más menuda dice:* «*En la madrugada del sábado apareció en un reservado del tugurio denominado "La Criolla", refugio de la gente del hampa que frecuenta esos*

---

[6] arracadas: alhajas.

[7] resopón: comida ligera, que se acostumbraba a tomar en Cataluña, a altas horas de la noche, después de las francachelas en el cabaret o en la ópera.

lugares, el cadáver horriblemente mutilado del maleante Arsenio Puig Bellacasa, conocido entre el hampa por el alias de "la Asturianita". Parece ser que el crimen se debe a rivalidades de tipo pasional, aunque no se descarta la posibilidad de que existan ramificaciones de tipo ácrata o de sindicato libre. La policía investiga para encontrar a los asesinos.»

En titulares menos grandes: Se rumorea que una prestigiosa personalidad de nuestra mejor sociedad se halla relacionada con el asesinato de «la Asturianita»: «Noticias no confirmadas parecen indicar una pista sobre el espantoso crimen de La Criolla. A título de rumor se afirma que hay una o varias personas de nuestra sociedad más selecta relacionadas con el trágico suceso. Concretamente, la policía, provista de la correspondiente orden, procedió a registrar la residencia de un conocido y prestigioso abogado. Se afirma que dicho señor era dado a la cocaína y otros estupefaccientes que, según simples rumores, eran obtenidos en lugares como La Criolla. Todo ello evidencia que las salpicaduras de la mala vida barcelonesa llagan hasta el mismísimo Ensanche [8]*.»*

Otros titulares: «Hoy en la Exposición Internacional se celebra el Día del Ecuador». Asistencia del Excelentísimo Embajador de aquella República.

Un anuncio: Peca-cura (con el rostro de una damisela.)

Otro anuncio: Cinema-Palace, «La Madona de los coches camas», gran éxito.

Una gacetilla: Reposición de «El ocaso de los dioses» en el gran Teatro del Liceo.

Otro anuncio: Bataclán-Té-Dansant. Debut de la singular «Flor de Otoño». Reserve su mesa.

Un anuncio que cierra la página: «Wagon Lits Cook.»

Mientras se proyecta este facsímil periodístico se escucha una música entre dulzona y canalla, a base de violines y muy a lo lejos un ritmo lento de sardanas.

---

[8] *Ensanche:* barrio barcelonés residencial en esta época.

*La página se desvanece de pronto como si hubiera sido
rasgada por una mano femenina y airada.*

Tras la desaparición del periódico, vemos a DOÑA NURIA
*vestida elegantemente con un traje sastre y tocada con
un sombrero de fieltro, cuya ala la cubre la mitad del
rostro (estilo Pola Negri), que está dando fuertes golpes
con un paraguas sobre una mesa de despacho Renaci-
miento. Tras la mesa, un joven parecido a Rodolfo Va-
lentino, que trata de calmar a* DOÑA NURIA. *Sentado en
una butaquita y compungido, llevándose el pañuelo a las
narices (porque parece constipado), hay un individuo
flacucho, pálido, con gafas, embutido en un abrigo oscuro que parece totalmente indefenso. Alfombras, ara-
ñas, gran retrato de Alfonso XIII. Todo ello nos anuncia que estamos en uno de los despachos del Gobierno
Civil.*

DOÑA NURIA. *(Golpeando con el paraguas sobre la
mesa.)* ¡Quiero que me reciba Su Excelencia, Su Excelencia, Su Excelencia…!

SECRETARIO. *(Apartándose un poco por temor a recibir un paraguazo.)* Imposible, señora. Imposible. ¿Cómo
quiere que se lo diga?

DOÑA NURIA. ¡Soc la vidua de don Lluis de Serracant…!

SECRETARIO. Sí, señora…

EL JOVEN ESCUCHIMIZADO. ¡Hi, hi, hi…!

DOÑA NURIA. Anúncieme… *(Y al decir esto se queda apoyada en el paraguas como una reina en su báculo.)*

SECRETARIO. Está enfermo. Se lo estoy diciendo. La
gripe…

DOÑA NURIA. ¡Almorranas es lo que tendrá…!

SECRETARIO. ¡Señora…, señora…!

DOÑA NURIA. Soc doña Nuria…

SECRETARIO. Por favor, ¿quiere ser tan amable, doña
Nuria, de exponerme su reclamación?

DOÑA NURIA. ¿Usted quién es?

SECRETARIO. Señora: soy el secretario de Despacho…

Doña Nuria.   No le conozco, señor mío…

Secretario.   Usted perdone, pero…

Doña Nuria.   No sé cómo se llama usted. No me lo han presentado nunca. En cambio yo soy…

Secretario.   Sí, señora, doña Nuria de Cañella, viuda de…

Doña Nuria.   (Presentando ahora a su hijo.) Y este señor, aquí donde usted le ve, es mi hijo. Hijo mío y de mi esposo que en paz descanse. Lluis de Serracant, abogado, premio extraordinario en la Facultad, una lumbrera del Foro, una lumbrera, no como otros. Porque este hijo mío —entérese usted— no se interesa por la política. No se interesa por la política, ni le importa medrar, señor mío. No como otros que…

El joven escuchimizado.   ¡Por Dios, mamá…!

Doña Nuria.   ¡Cállate tú! Que todavía tienes a quiente defienda. ¿Lo oye usted? Aquí estoy yo para defender a este señor, mi hijo, que tendrían ustedes que besar por donde pisa. ¡Cállese usted! Un modelo de hijo. Un modelo. Un modelo de ciudadano. Y un modelo de catalán, entérese usted, pollastre [9]… (El Secretario quiere hablar.) Nadie, pero nadie, nadie, puede decir tanto así, pero ni así (lleva el puño cerrado hasta la nariz del Secretario que da un respingo asustado) de este señor en nada: ni en moral, ni en piedad, ni en estudios. Un espejo en el que debieran mirarse tots aquests arreplegats que intentan injuriarle, e injuriar a mí y, es clar, injuriar a mi difunto esposo, y, por tanto, señor mío, injurian a Cataluña y al injuriar a Cataluña injurian a España…

El joven escuchimizado.   (Se levanta y va a detener el gesto de su madre que con el paraguas enarbolado trata de golpear al secretario.) Mamá, mamá, ja está be…

Doña Nuria.   ¡No está be, no está be…!

El joven escuchimizado.   (Con voz maricuela, pero muy firme.) De todas maneras, caballero, me parece que ya está dicho todo. ¡Que cese de una vez esa injuriosa

---

[9]   pollastre: muchacho en Cataluña.

134

campaña de prensa, que cese de una vez.! Lo solicito como ciudadano y como ofendido...

Doña Nuria. (*Arrobada por la verborrea de su retoño.*) ¡I ara...! ¡I ara...!

Secretario. (*Haciendo grandes reverencias al tiempo que pulsa el botón de la mesa.*) Les doy mi palabra de que he de trasladar su queja al señor Gobernador. Estamos aquí para escucharles y atenderles...(*Aparece un ujier en la puerta.*) Acompañe a estos señores... Señora, señor...

Doña Nuria. (*Muy altiva.*) Beso a usted la mano, caballero...

Secretario. Beso a usted los pies, señora...

Doña Nuria. Pero yo no le conozco. No sé quién es usted. (*A su hijo mientras salen.*) ¿Y tú, Lluiset, el coneix?... (*Salen los dos y el* Ujier *les hace una reverencia. Oscuro.*)

Consejo de familia en casa de la viuda de Serracant. *Tarde de lluvia. Oscuridad tenebrosa iluminada por los reflejos del fuego de la chimenea y el farol que sostiene aquel niño híbrido entre Cupido y Mercurio. Tiesas figuras sentadas en butacones. Caballeros pálidos y judaicos. Una* Dama rubia *y frágil que destaca entre la negrura del resto de los asistentes. Otra* Dama regordeta *y de aspecto ordinario que abriga sus manos en un manguito. Preside la reunión* doña Nuria, *aún vestida con su traje sastre estilo Pola Negri. Más tiesa que nadie, yergue su busto de matrona catalana como si fuera una encarnación de la plutónica ciudad. La sombra de aquella criada —Pilar— va y viene trayendo tacitas y cosas. Están todos tiesos sin hablar. Por encima de ellos se extiende una atmósfera de gorgoritos de ópera que sustituyen a las palabras. Todos beben el café casi al unísono. Hay muchos paraguas en la escena: abiertos unos, cerrados otros y la lluvia preside tra el mirador aquella ceremonia fúnebre. Nadie habla. Los gorgoritos crecen, hasta que* doña Nuria *se decide:*

Doña Nuria. A vusté, pollastre, no el coneix, jo no el coneix, jove, no se el seu nom, le vaig dir. Així le vaig dir. ¡I ara...!

Un señor gordo y calvo. ¡Ai Deu Senyor, ai Deu Senyor...!

Un señor flaco como una espátula. ¡Ai carai...!

Doña Nuria. ¡I ara...! Doncs estaría be... Ja l'he dit prou, ja...

Un señor jorobado. (Llamando a la criada.) Ascolti, Pilar, fasi el favó de portarme las pildoretas que m'he deixat en el abric...

(Silencio de nuevo. Pilar trae las «pildoretas» que el Señor jorobado se toma disueltas en gua, luego de gargajear un tonillo de ópera.)

Doña Nuria. (Rompiendo de nuevo el silencio.) Aleshores... [10]

El señor gordo. Aleshores...

El señor flaco. ¿Aleshores...?

El señor jorobado. (Tose y carraspea.) ¡Ai, senyó...!

Doña Nuria. Aleshores, un Serracant, toto un Serracant, barrejat amb la gent del hampa...

La señora regordeta. ¡Mare de Deu Santísima...!

El señor gordo. Y, está clar, els Teixits Serracant barretjats amb la gent del hampa...

La señora rubia. (Echándose a llorar.) Ai, ai, jo eu vull morirme... ¿Com podré anarhi al Lliceu ara? ¡Quina vergonya...!

Doña Nuria. Aixó ens ha portat la política...

El señor flaco. (Levantando un dedo.) La política, la política tú lo has dit... Perque, es clar, aixó es la política...

El señor jorobado. (Pudiendo hablar después de su acceso de tos.) L'enveja [11], aixó es l'enveja...

Doña Nuria. Ah, pero aixó no reste ací...

---

[10] *Aleshores...*: así que...
[11] *enveja*: envidia.

136

El señor gordo. ¡Oh, i tant...!

El señor flaco. ¿I ara? Doncs estaría be que els paraigas Serracant, tan be acreditats desde el any 1830, s'ensorrasen asís por una malifeta d'un mal nascut...

Diversas voces. ¡Ay Deu Senyor, ay Deu Senyor...!

La señora rubia. Jo sempre ho dic: tranquilitat y bons aliments...

Doña Nuria. O sigui que aquet fill meu, aquella joia, qu'es una joia, va a resultá que es un pistoler, un cocainomán i que anda barrejat amb faldas...

El señor jorobado. ¡Toma castanya...!

Doña Nuria. Mare meva, quand jo estic desesperada perque no vell casarse i ja te treinta anys...

El señor jorobado. Oh, doncs no será perque no hagi volgut, que la meva Antonieta...

Doña Nuria. (Callándole con una mirada.) ¡I ara! ¡I ara! No es moment aquest per...

El señor jorobado. No, si ho deia perque...

Doña Nuria. (Sin hacer caso.) I el meu fill en el Paralelu. En el Paralelu...

La señora regordeta. En el Paralelu...

Doña Nuria. Tu calla, que t'han vist una vegada anarhi al Paralelu a veura una revista d'en Sugranyes [12]...

La señora regordeta. Doncs tu em vas veura, mira...

La señora rubia. (Para calmarla.) Jo sempre ho dic: tranquilitat y bons aliments...

El señor flaco. O sigui que en Lluiset, pobre fill, es un «joven bárbaro», como diem aquests de Lerreux...

La señora rubia. (Volviendo a llorar.) ¡Ai mare meva, quina vergonya...!

El señor gordo. La Marieta ha dit que tanquessim el estant de la Exposició... per si un cas...

Doña Nuria. (Saltando hecha una fiera.) ¿Cómo? ¿Cómo tancar? Amb el cap ben alt hem de caminar tots es Serracant, per mes que ens insultim els maldits y

---

[12] Las revistas de Sugrañes hicieron furor en el Teatro Cómico del Paralelo, por su fastuosidad al estilo parisiense.

resconsagrats lliberals de... ¡Mare meva no se ho que dic...!

(Silencio.)

La señora regordeta. Y el sust que vas pasa tu Nurieta, amb aquest registru...

Doña Nuria. Aixó..., que et digui Pilar...

Pilar. *(Llorando.)* ¡Ai quin susto señora...!, ¡quin susto...!

(Otra pausa.)

El señor jorobado. Aixó es l'enveja. Quasevol desgraciat que no vull al Lluiset. Aixó es.

Doña Nuria. I encara con aixó del retrato de Alfonso XIII, que van tancat els propis polis, dien qui hia política pel mig...

La señora regordeta. La gent es molt dolenta, molt, molt...

La señora rubia. *(Que ha dejado de llorar y se arregla las cejas mirándose a un espejito que ha sacado del bolso.)* ¡I las Puig y Dolcet ho que amirán diem, mare meva...!

Doña Nuria. Lo que es aixó; ja vurem qui riu l'ultim... ¡Ja, ja...!

(Silencio.)

El señor jorobado. Aleshores...

Doña Nuria. Ems defensarem, ems defensarem amb ungles i dents. Tornarem a posar la nostra senyera en el lloc que ha estat sempre. Restaría mes...!

La señora regordeta. Pero jo tinc por[13]...

El señor flaco. Temps de baralla, temps de baralla[14], no hia ordre, no hia principis; aixó...

La señora rubia. ¡Ai quina vergonya! y demá no

---
[13] Pero yo tengo miedo.
[14] Tiempo de lucha...

podré anarhi al Lliceu i canta la Ton dal Monte... Ai, ai... *(Se oye un regodeo de gorgoritos dramáticos.)*

EL SEÑOR JOROBADO. Aixo ve de lo que ve. Molts murcianus que han vingut, molta mala gent a Barcelona, amb tanta exposició y tanta mandanga. Aixó. Que volem ensorrarnos a tots...[15]

DOÑA NURIA. *(Irguiéndose muy altanera.)* ¡Doncs ens defensarem...!

TODOS. Ens defensarem...

DOÑA NURIA. *(Exaltándose progresivamente.)* El fill de En Lluis de Serracant, amic intim, intimissim, den Maura, Lluis de Serracant, fill a la vegada de aquest general *(señala al retrato al óleo y todos se vuelven respetuosos a reverenciarlo)* que va a ser mes gloria de Castillejos que el propi Prim, amb tota una familia dedicada als mes prosper negocis...

EL SEÑOR GORDO. Els teixtis Serracant, mira...

EL SEÑOR FLACO. Els paraigas Serracant...

EL SEÑOR JOROBADO. Serracant, els perfums de París...

TODOS. ¡Ai, Deu Senyor...!

DOÑA NURIA. ¡Ens defensarem...!

EL SEÑOR JOROBADO. Hen de fer un pla d'acció...

DOÑA NURIA. ¡Ai si el seu pare viscés!, ¡ai...!

EL SEÑOR GORDO. Jo soc amic del Delegá de Hacenda...

EL SEÑOR FLACO. I jo del Ministre de Fomento...

EL SEÑOR JOROBADO. Doncs jo soc amic de un pistoler que... *(Todos se quedan horrorizados.)*

DOÑA NURIA. ¿Qué dius ara?

EL SEÑOR JOROBADO. No, aixó, que... Prenderé un altra pildoreta...

DOÑA NURIA. Ai, ja veig que estic sola, sola, amb tota la baralla. ¡Ai Senyor doneume forces...!

LA SEÑORA RUBIA. Ai Nurieta que som tots amb tu... Tranquilitar...

EL SEÑOR JOROBADO. I bons aliments...

---

[15] Enterrarnos a todos.

El señor gordo. I patí be [16]...

Doña Nuria. *(Levantándose.)* Aleshores. Ja ho sabeu tot...

(Y con este «Ja ho sabeu tot», doña Nuria da por terminado el consejo de familia. Todos se ponen en pie y se inicia la larguísima y ritual ceremonia de las despedidas. Pero ya sólo vemos los gestos, en que se discute —lo que puede discutir esa gente— en que se recomienda, en que se ponen los abrigos, y se cogen los paraguas. Escena de marionetas tenebrosas.
Mientras tanto, se ha iluminado un rincón de la escena y vemos al Lluiset, o sea, la criaturita que ha producido tamaño terremoto moral. Está en una especie de «garconnière» [17] tapizada de rojo. Sobre una mesita reposan las gafas. El Lluiset se nos aparece ahora muy distinto del que vimos en la entrevista con el secretario del Gobierno Civil. Vestido con pantalón, faja y camisa de «smoking», sin gafas, parece un gigoló maricuela. Se está contemplando al espejo. Alisándose los cabellos y poniéndose fijador. Se advierte que lleva bastante tiempo acicalándose. Utiliza pulverizadores, pomos de perfume y mil menudencias. Mientras se acicala silba alegre. Entretanto, seguimos viendo al fondo el grupo de la familia mimando una larga y dolorosa despedida. El Lluiset se aleja del espejo para contemplar su figura. Marca unos cuantos pasos de «claque», luego se coloca las manos en las caderas y avanza hacia el espejo con andares de «vamp» cinematográfica estilo Mae West. De pronto, como recordando algo va al teléfono que hay sobre una mesita y marca un número. Da golpes nerviosos con su piececito en el suelo, como nervioso, poniendo en todo ello una gran suavidad y una dulce coquetería.)

---

[16] Y digerir bien...

[17] *garconnière,* galicismo: habitación de soltero.

140

LLUISET.   ¿Aló?... Señorita... Señorita. ¿La confe-
rencia con Vilanova?... ¿Encara? ¿Media hora? ¿De
qué, guapa, de su reloj o del mío? Pero si... Ande, no
sea mala, chata... Tenga misericordia de un enamorado...
(Recalcando.) E-na-mo-rado. *(Con un gritito muy de ma-*
ricuela.) ¡Uuuuy...! ¡I ara...! ¿Cómo lo sabe? Ah, pica-
rona. ¿De verdad? ¿De verdad verdaderita?... *(Besando*
el auricular.) Ahí te mando un beso, y otro... Viva tu
mare, flamencota... ¡Olé!... *(Cuelga el teléfono y da*
unos cuantos pasos de baile. Vuelve al espejo. Luego
descuelga la capa y se la coloca muy terciada, a lo fla-
menco y marcha por el escenario como una cupletista fla-
menca. Coge una flor de un «bouquet» [18] *y se la coloca en*
la oreja. Se mira. No le gusta y se quita la flor. En la
penumbra sus familiares, empiezan la teoría de besos y
abrazos. Suena ahora el teléfono y el LLUISET *corre hacia*
él, tirando la capa. Descuelga el teléfono nervioso.) ¿Aló?
¿Aló?... ¿Vilanova?... ¿Vilanova?... Com diu?... No
et sent res, res... ¡Ascolti, senyoreta, senyoreta...! Sí...
Sí... Ja estic, dona... Vilanova... ¿Es Vilanova?... *(Ra-*
bioso da una patada a la capa que tenía bajo los pies.)
¡Ricard...! ¡Ricard...! ¡Ricard...! ¿Es tú?... ¿Es
Ricard?... Ascolta... ¿Qué?... ¿Cómo dice? ¿Pepito?
No, no, se equivoca. Yo «demanu» per Ricard... Ay,
hijo, pues Ricard... De Pepes, na... ¡Apa...! *(Cuelga*
rabioso y vuelve a marcar.) Señorita, señorita... Que s'ha
equivocat, que yo busco a un Ricard y me ha salido
Pepe, Pepito..., y de Pepitos... ¿Cómo dice, mona? No,
no. Ricard de Vilanova. No Pepito de Vallbona...
¡Vaya!... Que tiene usted un día... Ay, sí, será por el
tiempo, mira... Bueno... Aquí te espero, comiendo un
huevo... *(Cuelga y se cruza de brazos. Mira su reloj de*
pulsera.) ¡Ay, qué Telefónica ésta...! *(Otra vez el timbre.)*
(Descuelga rápido). ¿Aló?... Sí... Sí... ¡Ay!... ¿Eres tú
Ricard? ¡Al, ja era hora...! Tot el vespre [19] en tens a
la «vera» del «telefón» querido... ¿On eras? ¿En Can
Raurell [8]? Pillín... Pillín... ¡So guaja...! No et creo.

---

[18] *bouquet,* galicismo: ramo de flores.
[19] tarde.

¡Ay quina angunia! ¿Ja ho saps tot? Ai, ho sap tot...
Ja ho suponía que ho sapigevas tot. Ers un Serloc Jol-
mes... *(Dando un gritito.)* ¡Uuuuh...! Imaginat, imagi-
nat. ¡Quin escandal! De tot, de tot: registru, polis, co-
misaría, ai Deu Senyor... ¿Qui jo? Tan pancho, ves...
¿Qué? No t'entec... Ah, sí. Aquesta nit. T'espero. Te
ho contaré tot an pels y senyals... Tot, tot, es clar...
¿He tingut mai secrets amb tú, gitanu?... Procura venir
d'hora. En el «reservado», sí. ¿Vindrás en el Rolls d'en
Surroca? Ai, quina ilusió... Ja vurás, ja... Adeu macu.
Patons [20]. Molts patons. Doncs apa. Abur. ¡Au revoir...!
(Cuelga y suspira satisfecho. Vuelve a marcar un número.)
Señorita, ya está... ¡Uuuy!, no lo sabe usted bien, no
lo sabe usted bien. Muchas gracias, maca. Y usted que
lo vea... Apa adeu sinyoreta y que hagi sort amb aquests
que diu dells ulls gitanus... *(Cuelga. Corre por la habitación alegre. Todavía siguen allá en la sombra danzan-
do las siluetas de sus parientes. Se coloca la corbata de
lazo. La chaqueta del «smoking», se cubre con la capa.
Se pone la chistera ladeada. Coge un bastoncillo y ya es
una figura de cabaret íntimo con pujos parisienses. Vol-
tea el bastón frente al espejo y el espejo le devuelve su
figura canallita, de cejas depiladas y ojos ensombrecidos
por el rimmel. Avanza hacia el fondo. Saca un pañuelo
del bolsillo y lo agita dirigiéndose a sus parientes, que ya
desfilan como en una despedida de duelo, llevándose también pañuelos a los ojos. Una voz de gramola deja oír la
voz del propio «LLUISET» afeminada que canta un cu-
plé que se inicia así):*

> Flor de cabaret...
> Ojos de pasión...
> Flor de Otoño me llaman a mí,
> Flor de invernadero del viejo París...

*(Y con el último verso rasgado de la vieja gramola,
termina de oscurecerse la escena.)*

---

[20] besos.

Se encienden unos letreros luminosos y parpadeantes lle-
nos de inquietud y ansiedad, que dicen así: «Bataclan».
«Té Dansant». «Debut: Flor de Otoño, debut».
La noche loca del Paralelo barcelonés en los años 30. He-
terogéneo público formado por: «trinxeraires» [21]*, bohe-*
mios, chulos profesionales, burgueses camuflados, extran-
jeros que van de paso para visitar la Exposición, anarquis-
tas, jugadores... Barullo de simones, berlinas, automóvi-
les a la puerta del famoso Bataclán. Una niña canta ante
un grupo de mirones la famosa copla «Baixant de la
Font del Gat». Noche de enero con efluvio de mimosas.
En el vestíbulo del «Bataclán», cortinas de terciopelo
rosa encubridoras del pecado. Fotografías cabalísticas.
Luz agria y agresiva. La MATRONA DEL GUARDARROPA, *ru-*
bia oxigenada y casi sexagenaria, especie de pitonisa que
abre los caminos del arcano y sonríe malévola a la vez
que aconseja a los dubitativos. Plantado en la puerta el
portero, galoneado, con gorra aplastada, enormes patillas,
nos anuncia al «camálic» [22] *del Borne haciendo horas ex-*
traordinarias.
Es noche de debut y entre la clientela habitual se ven
algunas damas que vuelven del Liceo y no reparan en el
peligro que supone exhibir sus capas de armiño, sus es-
tolas de visón, sus alhajas. Están gozosas de verse mez-
cladas con la flor del hampa. Rumores de todas clases y
excitación nacida en la página de sucesos. Hay una pa-
reja mirando las fotografías. Ella parece una modistilla
endomingada y él un joven calavera de la burguesía.

LA MUCHACHA.   Mírala, ésta es. Dicen que cosió a pu-
ñaladas a la Asturianita...

EL POLLO.   Ya será menos, maca... [23]

LA MUCHACHA.   Me hace ilusión. ¿Entramos?

EL POLLO.   (*Muy insinuante.*) ¡Morbosa...!

LA MUCHACHA.   Anda, no seas malo... (*La pareja desaparece tras las cortinas.*)

---

[21] *trinxeraires:* golfos.
[22] *camálic:* mozo de carga.
[23] *maca:* en catalán: guapa.

143

EL PORTERO. (*A la del guadarropa.*) ¡Quina gentada! Avui haurá follón, Montse...

LA DEL GUARDARROPA. ¿Ha vingut la bofia?

EL PORTERO. (*Obsesionado.*) Avui va estar bona. Jo t'ho dic, ¡la mare que els va a pari a tots...!

LA DEL GUARDARROPA. ¡A mí, plim...!

(*En este momento llega al vestíbulo un tipo con todo el aire de un «ganster» de Chicago, mestizado con el tipo clásico de murciano fabricante. Monstruo corpulento, peludo, impresionante, cuyas ropas que quieren ser elegantes —abrigo con cuello de astracán— contribuyen a hacerlo más inquietante. Le acompañan dos tipos, uno de ellos con gorrilla, que pregonan su carácter de guardaespaldas. Al tal tipo ya le conocen por el nombre de «viudo de la Asturianita». El* PORTERO, *al verlos, se enfrenta valientemente a ellos.*)

EL PORTERO. Lo siento, señores. Está lleno. Tot ple...

EL VIUDO DE LA ASTURIANITA. ¿Qué dices, tú...?

EL PORTERO. (*Dando una palmadita en el hombro al monstruo.*) ¡La reoca! Ha venío esta noche, Dios y su madre. No cabe un alfiler.

EL VIUDO DE LA ASTURIANITA. (*Apartándole con buenos modos.*) Déjame pasar...

EL PORTERO. (*Asustado.*) ¡Que está tot ple! Mañana hay otro pase y además...

UNO DE LOS GUARDAESPALDAS. (*Al* PORTERO.) Vete a guardar un cortijo...

(*Y los tres patibularios se cuelan. LA* DEL GUARDARROPA *intenta un último obstáculo.*)

LA DEL GUARDARROPA. ¿Senyor? ¿Els abrics?...

UNO DE LOS GUARDAESPALDAS. ¡Toma y calla...! (*La tira una moneda de cinco duros.*)

EL PORTERO. (*Quitándose la gorra y rascándose la pelota.*) ¡Renoi... ara si que l'han fet bona! Aquest es... (*Baja la voz.*)

La del guardarropa. ¡Mare meva santísima...! Hem de cridar a la bofia. Ho demanaré al senyó Barral...

El portero. He fet tot lo possible; pero, noi amb aquets ganster...

(En ese momento acaba de deternerse a la puerta el Rolls lujoso que lleva siempre a las grandes estrellas. La gente se arremolina alrededor. Llega la famosa estrella Flor de Otoño, acompañada de aquel amigo suyo, Ricard, y al volante un ex boxeador, con veleidades ácratas, que es «El Surroca». Los golfantes que hay a la puerta aplauden. La Flor de Otoño, o sea, el Lluiset, está radiante de gozo, bajo la diabólica iluminación de los parpadeantes letreros. Se quita la chistera y saluda.)

Una muchacha. ¡Que es bofoneta [24]...!
Una dama. ¡Quins ulls...!
Un burgués. (A la dama anterior.) Tot aixó es mentida...
La dama. ¡Sí, creu tú...!
El portero. (Dirigiéndose a Flor de Otoño al descender del auto.) ¿Saps qui ha vingut, nena?
Lluiset. ¿Qui, encantu? (El portero le dice algo al oído.) ¿Y ara? ¿Per aixó t'exclamas?
El portero. Es que ve amb las del veri...
El Ricard. ¿Qué diu?...
Lluiset. Res. Que ha vingut un del hampa...
El Surroca. Per aixó está «reservado el derecho de admisión».
La del guardarropa. (Al Lluiset.) Ai, Flor, que arribas una mica tard, maca...
Lluiset. (Besando a La del guadarropa con gran coquetería.) Muu... muu... Jo mai arribu tar; tot lo contrari; a punt...
La del guardarropa. ¿Saps qui hia?
Lluiset. Molts admiradors...

---

[24] bofoneta: linda, mona.

145

LA DEL GUARDARROPA.   Que no het passi res... *(Todos riendo han dejado los abrigos y desaparecen tras las cortinas. El* PORTERO *se quita de nuevo la gorra.)* la bofia...

EL PORTERO.   Ara es quand jo sería a gust amb els meus companys del Borne [25].

LA DEL GUARDARROPA.   Nosaltres, plim. Per aixó está la bofia...

EL PORTERO.   Pero ja has vist que jo se lo he dit...

LA DEL GUARDARROPA.   *(Con sorna.)* Se lo has dit..., ¡ja...!

EL PORTERO.   ¡Cagun coin...! ¿Qué volías que faci, amb aquests altras?...

LA DEL GUARDARROPA.   A mí, plim...

EL PORTERO.   *(A una pareja que está a punto de entrar.)* ¿Senyor?...

(La pareja está compuesta por aquel JOROBADO *que vimos en el consejo de familia de la* SEÑORA DE CAÑELLAS, *que va acompañado de una* VICETIPLE *de la Compañía de Sugrañes.)*

EL JOROBADO.   Volem entrar, per a veura el debut de la sin par «Flor de Otoño»...

EL PORTERO.   Ho sent molt, caballer; pero tot está ple...

LA VICETIPLE.   ¿Ple? ¡Oh...!

EL JOROBADO.   No pateixas, nena... Ascolti, jove...

EL PORTERO.   Está ple, senyor...

EL JOROBADO.   ¿Vusté sap qui soc jo?...

EL PORTERO.   No tinc el gust, senyor; pero está plé...

EL JOROBADO.   ¿Ja sap vusté que yo soc de la empresa?...

EL PORTERO.   No, senyor; pero tinc ordres...

EL JOROBADO.   ¡Apa, apa...!, no sigui pesat y no posi pegas. Volem una bona taula...

EL PORTERO.   Recoin, si le dic que no hi ha res, doncs no hi ha res... Si vusté es de la empresa parli amb el senyor Barral...

---

[25] El Borne era el viejo mercado central de frutas y verduras.

La VICETIPLE.   Si que es usté descortés...

El PORTERO.   Jo soc un mandat...

La VICETIPLE.   *(Apretando con su manita ensortija-
da el brazo del* JOROBADO.) Quiero entrar...

El JOROBADO.   *(Tratando de sobornar al* PORTERO.)
Prengui, prengui y tanqui els ulls...

El PORTERO.   *(Mirando la peseta que le da el* JORO-
BADO.) Cagun coin, ¿no le he dit que no?

El JOROBADO.   ¿Y no sap qui soc jo?... ¿Eh?...

El PORTERO.   Ja está be, home... *(Y coge al vejete
por el cuello, le da la vuelta y le echa a la calle. La* VICE-
TIPLE *grita.)*

La VICETIPLE.   ¡Grosero, sinvergüenza, trinxa...!

El PORTERO.   *(Sacudiéndose las manos.)* Estic ja tip
de monsergas...

La DEL GUARDARROPA.   Doncs la jeta del tíu em diu
alguna cosa...

El PORTERO.   Doncs, mira, como si es el Bisba[26], a
mí plim...

*(En ese momento entran tres tipos que muestran una
placa. El* PORTERO *se quita la gorra y saluda. Pasan.)*

El PORTERO.   *(Contento.)* Ja els tenim ací. Ara po-
drém clapar una mica...

*(Suena dentro una salva de aplausos y se oscurece la
escena.)*

Y ya tenemos en la escena a la famosa estrella FLOR DE
OTOÑO. *Vestido con el pantalón, la camisa y el lazo del
«smoking», pero la chaqueta la ha sustituido por una ca-
saca de lentejuelas. En la chistera una pluma de varios
colores. Los ojos llenos de rimmel. Los labios pintados
en forma de corazoncito. Su rostro es una máscara un
tanto oriental. Una salva de aplausos acoge su presencia.
Se nota el jadeo de satisfacción de un público que apa-*

---

[26] *Bisba:* obispo.

147

rece en la sombra. FLOR DE OTOÑO, *jugueteando con su bastoncillo, nos recuerda una Marlene Dietrich misteriosa y arrogante. Canta con aquella voz cascada parecida a la de la «Bella Dorita» y se mueve con avezado aire de «vamp» estrepitosa.*

FLOR DE OTOÑO.   *(Cantando.)*

> Flor de cabaret...
> Ojos de pasión...
> Flor de Otoño me llaman a mí,
> flor de invernadero del viejo París...

UNA VOZ SALIDA DEL PÚBLICO.   ¡La mare que et va parir, nena...!

OTRA VOZ.   ¡Estás mejor que las fuentes de Buhigas [27]...! *(Risas.)*

FLOR DE OTOÑO.   *(Que empieza el desfile entre las mesas cantando en voz tenue y sin hacer caso de los ruidosos.)*

> Flor de coca, coca, coca, coca... iiina...
> misteriosa flor,
> rosa de la Chiiina... Chiiina... Chiiina...   ¡Ay...!

(Se detiene mirando al público luego de lanzar su suspiro.)

UNO DEL PÚBLICO.   Vina p'acá sicalítica [28]...

OTRA VOZ.   Toma cocaína, nena...

UNA VOZ AIRADA.   Callarsus ya, cag'un coin...

FLOR DE OTOÑO.   *(Impertérrita.)*

> Dame, dame, dame tu... maninaa...
> y yo te daré mi coca... ina...

---

[27] *fuentes de Buhigas:* Buhigas: apellido del arquitecto que hizo las fuentes de Montjuich.

[28] *sicalítica:* desvergonzada.

(Los focos ya iluminan las mesas y FLOR DE OTOÑO *se ha atrevido nada menos que a coger la mano del terrible* «VIUDO DE LA ASTURIANITA», *la que fue su rival. El monstruo frunce el ceño. En la mesa de enfrente se ve a los amigos de la artista —el* RICARD *y el* SURROCA— *alertas. Al fondo la silueta de los de la bofia.)*

FLOR DE OTOÑO. *(Acariciando la mano del* «VIUDO DE LA ASTURIANITA». *Hablando.)* ¡Ay, qué manos, esto son manos, esto son manos y no lo que yo me sé...! *(Intenta llevarse la mano a la cara y el mosntruo se la aparta de golpe y dice algo ininteligible.* FLOR DE OTOÑO *se ríe.)* Huuuy..., ¡qué coraje! Así me gustan los hombres a mí..., con coraje... Con lo que hay que tener, como en La Verbena de la Paloma... Que pa eso una es flamencona... Aunque haiga nacío en París... *(Cantando y apartándose de la mesa enemiga.)*

> París, oh París...,
> flor de invernadero del viejo París...

(Deteniéndose y recitando de nuevo.) París, oh París... Pero, donde esté Barcelona que se quite tot... I ara que está tan maca amb las fonts de Buhigas y amb tanta flor, perque, es clar, ara una no es res... Una no es nada, entre tanta flor. Hay que ver cómo está el Bataclán. Huy, qué horror. No se puede comparar ni con Chez Maxin. *(El foco va pasando a través de varias cabezas de señoras.)* Pero, aixó sí, no em negarán ustedes que yo soy «la flor de las flores», en latín «flor florum», apa, pa que veais que una tiene su cultura... ¡Ay, chatooo...! *(Ha estrujado la nariz d'en* RICARD *y vuelve al centro de la pista cantando de nuevo.)*

> Dame, dame, dame... tu coca,
> tu coca, tu coca... iiina...

EL VIUDO DE LA ASTURIANITA. *(A los otros de su mesa.)* Como vuelva a pitorrearse, la acogoto...

Uno de sus guardaespaldas. No encara, no encara...

Flor de Otoño. *(Contoneándose.)*

> Porque yo soy la flor,
> misteriosa flor,
> rosa de la Chiiiina...

(Recitando.) Vamos, todos, a cantar conmigo, sinvergüenzas.

(Risas, jaleo, y un coro *disforme que intenta corear a la vedette.)*

Coro:

> Misteriosa flor,
> rosa de la Chiiina...
> Chiiina... Chiiina...

(Flor de Otoño deteniéndose ahora ante la mesa de un señor con aspecto de financiero americano que está con dos damas de alto copete, muy insinuante dice:)

> Anda, dame tu coca... iiina...
> Anda, no seas egoistón,
> ¿no ves cómo me fascinas?

(Cantando ahora:)

> Tu mirada me fascina,
> y me voy a desmayar,
> si no tomo cocaína...,
> no se dónde iré a parar...

(Deteniéndose y hablando.) Eso me pasó el otro día en la Rambla. Porque como ahora está la Rambla así. ¡Ay, cómo está la Rambla! No hay quien de un paso sin llamar la atención. Con tanto extranjero. Con tanto tufo varonil. Y luego con aquellos aromas. Que no puede

150

una, vaya, que no puede. Una servidora, no es por alabarse, pero no puede pasear ya por la Rambla. El otro día me metieron en un cartucho de papel y me llevaron ante Su Majestad, que había pedido que le llevaran la flor más bonita de la Rambla... ¡Ohh!... *(Se arma un gran bullicio. La gente patalea. Se oyen voces zoológicas y la* FLOR DE OTOÑO, *contoneándose, vuelve al centro de la escena, levanta el bastoncillo, se marca unos pasos de baile y hace como si dirigiera el coro moviendo las caderas con inaudito desahogo.)*

> Flor, misteriosa flor,
> rosa de la Chiiina...
> Misteriosa flor,
> flor de flor de cocaiiina...

¡Vamos, vamos, todos...!

CORO:

> Misteriosa flor,
> flor de cocaiiina...
> Misteriosa flor,
> rosa de la Chiiina...

FLOR DE OTOÑO:

> Misteriosa flor,
> flor de cabaret,
> dame tu pasión,
> y yo te daréee...

(Preguntando.)

> ¿Qué te daré yo...?
> ...otra cosa fiiina...
> Co... ca... i... na...

(El foco se ha ido centrando sobre la estrella a medida que cantaba los versos y estalla una salva de aplausos

ensordecedora. La estrella saluda, lanza besos con la manita. Se marcha, vuelve a aparecer. Está radiante. Su triunfo ha sido total. Cuando cesan los aplausos, se ilumina la sala y FLOR DE OTOÑO *se dirige a la mesa de los amigos, eludiendo los piropos que salen de otras mesas. El* RICARD *la besa la mano y lo mismo el* SU-RROCA. *Se sienta con ellos sin dejar de observar la mesa en que están los rivales, es decir, el* VIUDO DE LA ASTURIANITA *y sus compinches.)*

RICARD.   Has estat de buten, nena...
SURROCA.   Colosal, de butiful...
FLOR DE OTOÑO.   ¿Heu vist como jo no m'achantu?
RICARD.   Doncs escolta, nena, no fasis boixeirías que están els de la bofia...
SURROCA.   Y els del Sindicat Lliure...
FLOR DE OTOÑO.   *(Muy flamencona.)* Pues a mí que me registren...

(En la pista empiezan a bailar las parejas. FLOR DE OTOÑO *enciende un cigarrillo largo, turco, que le ofrece su amigo* RICARD.)

RICARD.   No et precipitis, que encara hia molta feina...
FLOR DE OTOÑO.   La noche es joven...*(Llamando al camarero.)* ¡Garsón, garsón...!
CAMARERO.   *(Acercándose.)* Digas, tesoro de la casa...
FLOR DE OTOÑO.   Convida en esa mesa *(señala la del* VIUDO DE LA ASTURIANITA), que están mu sequitos los pobres...
CAMARERO.   *(Retirándose y riéndose.)* La mare que la va a parir...
RICARD.   No seas loca, nena...
FLOR DE OTOÑO.   Me da la gana, pa eso es mi debut, pinxu [29]. Y no te pongas tan feo...

(El CAMARERO *se desliza entre las parejas que bailan un danzón lento y se planta ante la mesa del* VIUDO.)

---

[29] *pinxu:* golfo de los más bajos.

CAMARERO.   La estrella de la noche, que qué quieren beber ustedes, que ella convida...

EL VIUDO.   La dices que no somos sus macarras...

CAMARERO.   Ascolti, que yo soy un mandao...

UN GUARDAESPALDAS.   Pos mierda pal correo que va y viene...

(Entonces la FLOR *se lanza hacia la mesa del* VIUDO, *esquivando a sus amigos que quieren detenerla.)*

FLOR DE OTOÑO.   *(Poniéndose en jarras muy graciosa.)* ¿Qué pasa en Cádiz?

UN GUARDAESPALDAS.   *(El* VIUDO *permanece quieto como una momia egipcia.)* Que te den por el tras, nena...

FLOR DE OTOÑO.   ¡Ay, quina ilusió...!

CAMARERO.   Yo ya he cumplío... *(Se va a servir a otra mesa.)*

FLOR DE OTOÑO.   *(Cogiendo por la mano al* VIUDO.*)* ¿Me sacas a bailar, cascarrabias? *(El otro callado.)* Es nuestro tango...

EL VIUDO.   ¿Sabes quién soy yo?

FLOR DE OTOÑO.   Un hombre..., lo que yo busco...

EL VIUDO.   ¿Sabes a lo que he venido?

FLOR DE OTOÑO.   A robar corazones, so negrazo...

EL VIUDO.   A vengar a una que tú conocías...

FLOR DE OTOÑO.   Ay, no hables de cosas tristes ahora. «La Asturianita» era mi ojito derecho. Te lo pueden decir todos. Hoy la he mandado una corona...

EL VIUDO.   *(Con un estremecimiento.)* Mira que está la bofia [30] y que no me quiero perder.

FLOR DE OTOÑO.   Pero, tonto, ¿por qué? Piérdete conmigo, chato. Anda, que empieza el tango. Te contaré cosas de tu «asturianita»...

(El VIUDO *se levanta y sale a la pista con la* FLOR DE OTOÑO. *En la mesa de los otros.)*

---

[30] *bofia:* argot delincuente: policía.

SURROCA. Ya la ha liao, esta puta...

RICARD. Prepárate...

SURROCA. Lo estoy. Pero esta mala zorra te echará a pedir...

RICARD. Era pa dejarla que se las apañara sola.

SURROCA. Di que no tienes corazón para eso. Yo tampoco. A fuerza de corregir galeradas de poetas, se me ha hecho tierno el corazón...

UN SEÑOR. *(Se levanta de una mesa y corre hacia los* POLICÍAS.) ¡M'han pispat la cartera! ¡La cartera, me l'han pispat...!

OTRO SEÑOR. ¡Anda, vaya noticia...! ¿A quién se le ocurre?

(En la pista los focos sobre la pareja que forman FLOR DE OTOÑO *y el* VIUDO DE LA ASTURIANITA.)

FLOR DE OTOÑO. ¿La querías mucho?

EL VIUDO. *(Con voz cavernosa.)* ¿A quién?

FLOR DE OTOÑO. ¿A quién va a ser? ¡A tu Asturianita...!

EL VIUDO. Como vuelvas a mentarla te estrangulo...

(Efectivamente coge el cuello de la FLOR *entre sus manazas.)*

FLOR DE OTOÑO. *(Riendo nerviosa.)* ¡Ay, qué tacto...! ¡Que manos tan «manosas»! ¿Trabajas en el puerto, chato?

EL VIUDO. Es que yo soy hombre de fe, porque si supiera de verdad que habías sido tú...

FLOR DE OTOÑO. *(Quitando las manazas de su cuello.)* ¿Qué había sido yo, qué?...

EL VIUDO. La asesina de mi diosa...

FLOR DE OTOÑO. ¡Ay, mi diosa! Qué manera de hablar. Tú eres poeta...

EL VIUDO. La madre que te parió. Yo te estrangulo...

(Aparece entonces ante ellos el RICARD.)

154

RICARD. Nuestro baile, nena…

EL VIUDO. *(Sin hacer caso.)* Hoy va a ser una gran noche…

FLOR DE OTOÑO. Una noche del Paralelu…

RICARD. *(Dando un golpetazo en la espalda del VIUDO.)* Eh, amigo…

EL VIUDO. *(Volviéndose.)* ¿Quién me llama?

RICARD. *(Muy airado a la FLOR.)* Ja está be, maca… (En el momento en que va a enlazarla por la cintura, el VIUDO DE LA ASTURIANITA se lanza sobre él y le da un cabezazo en el vientre que le hace rodar por el suelo. Grito tremendo de la FLOR y barullo general. La bofia se adelanta. El SURROCA saca una pistola. Los guardaespaldas del VIUDO van a ayudar a éste. Mientras el RICARD se levanta, el VIUDO ha sacado una enorme navaja y se lanza contra la FLOR DE OTOÑO, a la que da un tajo en el cuello. Gritos horrorizados de todos. SURROCA dispara contra el VIUDO. Los POLICÍAS disparan al aire. La música sigue sonando y oscuro.)*

El Cuartel de Atarazanas en la ribera del puerto. Un CALOYO [31] de centinela en la garita. BUSCONAS agazapadas en los rincones a la espera de algún CALOYO deseoso de deshogarse Altas horas de la madrugada. Rumor de grúas del puerto cercano. El faro iluminado de la estatua de Colón. El rondín de guardia pasa haciendo el relevo y se remueven los bultos de las BUSCONAS.
De pronto llega un grupo corriendo. El RICARD y el SURROCA llevan a FLOR DE OTOÑO sentada a la sillita de la reina. La desdichada FLOR aparece tronchada por el cuello. Su cabecita como el pétalo de una camelia cae hacia un lado y con las manos trata de cortar el flujo de la sangre.

FLOR DE OTOÑO. ¡Ay, ay, que me desangro…!, ¡me desangro! Soy Margarita Gautier…

RICARD. Leches… Calla de una vez, puñetera…

---

[31] soldado.

Surroca.   Me parece que les hemos dao el piro [32]...
¿Qué hacemos?

Flor de Otoño.   ¿Qué hacemos?... ¡Ay, pedir auxilio! ... *(Gritando.)* ¡Auxilio, guardias, por favor..., auxilio, que me muerooo...!

(Las Busconas aparecen en la sombra.)

Una buscona.   ¿Quién grita?
Otra.   Debe ser una que la han dao mulé [33]...
La otra.   Mala sangre que tienen los hombres...
Flor de Otoño.   ¡Auxilio...! ¡Guardias...!
Ricard.   ¿Te quieres callar? ¿Nos vas a perder a todos?
Flor de Otoño.   No me importa con tal de ver colgao a ese malasangre, que me ha echao al arroyo...
Surroca.   ¡Cag'un coin...!

(Se acerca el rondín de guardia. Cuatro Caloyos y un Cabo llenos de sueño.)

Cabo.   ¡Alto! ¿Quién vive?...
Ricard.   *(Gritando.)* Favor, un herido...
Flor de Otoño.   No, hombre, se dice así: España...
Cabo.   *(Malhumorado.)* ¿Qué leches? ¿Quién vive?
Flor de Otoño.   *(Con una voz dulce.)* Españaa...
Cabo.   ¿Qué gente?
Ricard.   *(En voz altísima.)* Gent de pau...
Flor de Otoño.   *(Muy alborozada.)* España, España...

(El rondín de guardia agazapado en la sombra.)

Un caloyo.   No haga caso, mi cabo. Son putas.
Cabo.   *(Con un jadeo de placer.)* ¡Ay...!
Otro caloyo.   Y tras las putas están los pistoleros...

---

[32] *el piro:* argot: la muerte, el irse de este mundo.
[33] *que la han dao mulé:* argot: que la han herido.

156

CABO. *(Adelantándose al centro de la calzada.)* ¿Quién es esa que dice España?

(Aparece la FLOR DE OTOÑO *bellamente ensangrentada y detrás en la sombra se adivina el perfil de sus compinches.)*

FLOR DE OTOÑO. Capitán, capitán, capitán de los Tercios de Flandes...

CABO. ¡Mi madre...!, menúa cogorza lleva esta tía...

FLOR DE OTOÑO. Herida voy de muerte..., ¡ay...!

CABO. Joer..., vaya chirlo que te han metío... Anda, pero si parece un tío...

FLOR DE OTOÑO. Soy el marqués de la Marina. Acaban de asaltarme..., ¡ay...! *(Tose sangre.)*

RICARD. *(Adelantándose.)* A la salida del Bataclán nos asaltaron. Al marqués le dieron un corte. ¿¿No oyeron ustedes disparos?

CABO. El pan nuestro de cada día. No te joes... Eso es asunto de la poli, amigo...

FLOR DE OTOÑO. ¿Y yo tengo que desangrarme?

CABO. Aquí es jurisdicción militar...

SURROCA. Un socorro no se le niega a nadie...

UNA BUSCONA. *(Que se ha acercado.)* Un señorito es. Y bien guapo. Tajao como un cerdo, con perdón...

FLOR DE OTOÑO. Me moriré en el corazón del Barrio Chino. En medio del hampa. ¿Qué mejor muerte puede cuadrarle a un aristócrata barcelonés?

CABO. Joroba...

UN CALOYO. Pues el marqués parece sarasa, Dios me perdone...

SURROCA. Vamos ya, cabo. Mande abrir el portalón para socorrer a un caballero...

CABO. No tengo órdenes para eso, amigo...

RICARD. Cuando mañana lo sepa el Capitán General veremos lo que pasa... Ceno todos los días con él...

FLOR DE OTOÑO. ¿Anastasio? Se moriría de verme en este trance. Ai, quina mort la meva. Soc com la Traviata...

CABO. *(Dubitativo.)* Lo más que puedo hacer, pa servirles, es comunicar el caso al oficial de guardia...

UN CALOYO. Estará roque. Y si le despertase...

CABO. *(Al* CALOYO *que ha hablado.)* Anda tú a despertale y dile lo que hay...

CALOYO. ¡Mi madre...!, me pela si lo hago...

CABO. Y yo te descuartizo. Anda allá...

FLOR DE OTOÑO. *(Al ver al soldadito corriendo hasta la puerta.)* Pero más despacio, niño, a ver si vas a desnucarte y vamos a ser dos los novios de la muerte...

RICARD. Calla ya, que me pones nervioso...

SURROCA. *(Explicativo al* CABO.) Se trata de que repose un poco ahí dentro y se le hace una cura de urgencia...

RICARD. Cosa de humanidad...

CABO. Se estuvieran ustedes en su casa y no frecuentaran lugares a altas horas y no había de pasarles nada grave...

FLOR DE OTOÑO. La noche tiene esos maleficios...

(Ya se abre el portalón y aparece la maciza silueta del TENIENTE DE GUARDIA *con su sable, en el que se apoya como Júpiter en su rayo.)*

TENIENTE. ¿Qué pasa?

CABO. A sus órdenes. Ná de particular...

FLOR DE OTOÑO. *(Exaltándose.)* ¿Cómo ná de particular? ¿I ara? ¿Se está una desangrando y no pasa ná de particular?

RICARD. *(Al* TENIENTE.) Pistoleros. Nos asaltaron al volver de la Exposición...

TENIENTE. Lo siento, pero...

CABO. *(Apartándole un poco.)* Mi tiniente, paecen gente de condición...

TENIENTE. No quiero líos...

SURROCA. Escuche, amigo. Se trata de un primer auxilio. El señor marqués se muere.

RICARD. Cuestión de humanidad...

FLOR DE OTOÑO. ¡Ay, estando en brazos del Ejército español ya me puedo morir tranquila…!

TENIENTE. ¿Qué dice?

RICARD. El muchacho delira…

TENIENTE. Meterlo dentro y que busquen alguien que le cure.

FLOR DE OTOÑO. Ya sabía yo que un arrogante oficial no iba a dejarme morir en el arroyo…

TENIENTE. Bueno…, me huele a cogorza de altura. Juerga de señoritos, me cagüen la leche…

(El RICARD *y el* SURROCA *llevan a* FLOR DE OTOÑO *al cuerpo de guardia, mientras el* TENIENTE, *en la noche mediterránea balancea el sable.)*

TENIENTE. Pero lleva razón. Un oficial no puede dejar sin ayuda a un necesitado. Lo malo es tener que redactar un parte. Con lo bien que estaba durmiendo…

(En el cuerpo de guardia. Bóvedas sombrías. Sobre una mesa dejan el cuerpo de la bella FLOR, *«esmoking» ensangrentado, greñas con brillantina. Los* CALOYOS *acuden a contemplar el cuerpo.)*

CABO. *(A los* SOLDADOS.) Apartarse, coño, que quitáis el aire…

UN CALOYO. Un poco más y lo rebanan el pescuezo…

OTRO. Le colocaron bien la faca…

FLOR DE OTOÑO. ¿Estoy en el paraíso? ¡Oh, qué hermosa compañía! Ahora sí que soc La Traviata… *(Risas de los* SOLDADOS.)

UN CALOYO. Pero sí es un «canca» [34]…

CABO. ¡Fuera de aquí, leche, o sus pelo a todos!

(Entra el TENIENTE.)

TENIENTE. Que busquen a un practicante, rápido. Que lo curen y se larguen. Llama tú al sargento pa que pase el parte…

---

[34] *canca:* marica.

(FLOR DE OTOÑO *ahora yace sobre la mesa y un par de* CALOYOS *le cogen de la mano. Él canturrea fragmentos de «La Traviata» de Verdi.*)

TENIENTE. ¿Además está borracho?

RICARD. Una persona así, ya sabe, siempre tiene que alternar. Cuatro copillas...

TENIENTE. No, si eso no es cosa para reprochárselo.

FLOR DE OTOÑO. *(Incorporándose y fijando sus ojos en el* TENIENTE.) ¡Qué maravilla! El Cid Campeador en persona. Yo soy tu Jimena. Móntame en tu Babieca y huyamos por la huerta valenciana...

TENIENTE. *(Retirándose. Risas de los* SOLDADOS.) Joer..., la que ha cogío...

RICARD. *(Explícito.)* La fiebre que le consume...

TENIENTE. No se por quién me toma...

FLOR DE OTOÑO. Por la flor de la Caballería. Yo soy la Dulcinea...

TENIENTE. Sí que parece marica, Dios me perdone...

(*Ahora llega un* SOLDADO *sonnoliento con un botiquín en la mano.*)

SANITARIO. A zuz órdene... ¿Aónde eztá el herío...?

TENIENTE. *(A los* SOLDADOS *y amenazándoles con el sable.)* Apartarsus o sus abro la chola. *(Al* SANITARIO.) Ahí tienes al... herido. O lo que sea. Le curas de urgencia y que se largue...

RICARD. *(Al* TENIENTE, *mientras el* SANITARIO *se apresta a ver a* FLOR DE OTOÑO.) No olvidaremos su rasgo, caballero. Quién sabe si será usted propuesto para un ascenso.

TENIENTE. *(Con falsa modestia.)* No soy persona dada a los honores. Menos en estos tiempos...

SURROCA. Ahí se ve que es usted militar de temple...

TENIENTE. Militar de... *(Corta la frase y se retira, luego de añadir.)* Tómense el tiempo preciso. Aquí están sobre seguro. Son muy malas horas pa arriesgar el pellejo...

160

Ricard. No sé cómo darle las gracias en nombre del marqués...

(El Teniente *se retira. El* Sanitario *observando la herida de* Flor de Otoño.)

Sanitario. ¡Mi mare!... Un degüeyo en toa regla. ¿Quién le hizo ezta firma?

Flor de Otoño. Un maleante, que quiso robarme el collar. Y me lo robó. Pero a cambio me das tus manos... *(las besa),* que valen más que los brillantes del Shah de Persia...

Sanitario. *(Retirando las manos divertido.)* ¿Qué dice? Uy, la mare que te parió...

Flor de Otoño. Ahora tú eres mi sultán y yo tu favorita...

Sanitario. *(Medio aparte.)* Marica de loo gordoo... Puee aquí jasen farta puntoo. Yo zolo pueo ve zi corto la hemorragia...

(Mientras tanto el Ricard *y el* Surroca, *aprovechando la ausencia del* Teniente *y los* Soldados, *que ya se habían arrebujao en sus capotes y dormitaban a la sombra de las bóvedas, se acercan al armero donde están colocados los fusiles.)*

Ricard. *(Observándolos.)* Mauser de la campaña de Cuba...

Surroca. Y sirven para un avío... *(Cogiendo un fusil.)* Y está «carregat» [35]...

Ricard. Son de marca americana...

Surroca. *(Escondiéndose un fusil debajo del abrigo.)* Un record...

Ricard. *(Un poco escandalizado.)* ¿Te lo vas a llevar?

Surroca. La ocasión la pintan calva...

Ricard. *(Dándole otro fusil.)* Llévate el otro. Te cabe.

---

[35] *carregat,* en catalán: cargado.

Surroca.   ¿A ver? *(Da unos pasos.)* Es cuestión de componer la figura...

Ricard.   Eres un tío fermo [36]...

(El Surroca avanza hacia la puerta con los dos fusiles escondidos.)

Surroca.   Iré a avisar a un cochero. Pa trasladar el herido...

Ricard.   Sí, ya hemos abusado bastante de estos señores... *(Sale el Surroca.)*

Flor de Otoño.   ¡Ay, me muero, me muero! Soc como la Traviata. La Traviata. ¿Sabes, hijo, llevé una vida pecadora? Y ahora me arrepiento...

Sanitario.   *(Mientras le cura.)* Si no te eztáa quieta, precioza, no te curo...

Flor de Otoño.   ¡Ay...!, lo que tú ordenes tirano. Me llevas a la muerte y te sigo...

Ricard.   *(Al Sanitario.)* ¿Cómo va eso?

Sanitario.   Er tajo e regulá... Con diee puntoo no tié aún baztante... Un zervió le hago una cura de urgencia...

Ricard.   Es usted un alma compasiva...

Flor de Otoño.   ¿De dónde eres tú, abencerraje? [37]...

Sanitario.   ¿Yo?, de Graná..., pero cállate, que no te pueo curá...

(Se oye un silbido por el gran ventanal. Es el Surroca.)

Surroca.   *(Desde la calle.)* Ricard...

Ricard.   *(Acercándose al ventanal.)* ¿A ver qué quiere éste? ¿Qué pasa?

Surroca.   *(Desde fuera.)* Aquí tengo el coche a punto. Oye...

Ricard.   ¿Qué?

---

[36]   *fermo,* en catalán: estupendo.

[37]   *abencerraje:* moro-soldado de una dinastía granadina. Destacaba por su fuerza y belleza.

Surroca. Tira una cosa de esas…

Ricard. ¿Un…? (*Mirando las sombras de los Sol-DADOS al fondo.*) ¿Estás loco?

Surroca. Venga ya…

Ricard. (*Acercándose al armero y cogiendo un fusil, lo lleva con disimulo hasta la ventana.*) Toma… (*Deja caer el fusil que el otro parece coger al vuelo.*)

Sanitario. (*Que ha terminado la cura.*) Ea… Ahora que lo lleven a un médico. De momento pue pazá…

Ricard. (*Sacando un billete de la cartera.*) Toma, muchacho…

Sanitario. No, zeñó… No pueo aceptar…

Ricard. Pa tomar un carajillo [38]…

Sanitario. Joé…, con ezo ze puén tomá mil carajiyoo…

Ricard. Pa que convides a esos muchachos (*por los Soldados*).

Sanitario. Ziendo azín…, pero nozotroo no poemoo… (*Coge el billete.*)

Flor de Otoño. ¡Ay, no puedo hablar. Me he quedao ronca…! He perdido la voz… (*Lleva el cuello vendado.*)

(*Entra el Surroca y se dirige a ellos.*)

Surroca. El cochero está esperando. (*Al pasar por el armero pilla otro fusil y lo esconde bajo el abrigo.*) Vamos…

Ricard. Estamos emocionados. No olvidaremos esto. He de proponer a mi amigo, el Capitán General, que dé un rancho extraordinario a la tropa…

Sanitario. Que no zea ná é lo que jase farta, y que ze cure er zeñorito…

Surroca. Nuestros respetos al señor teniente…

(*Al pasar por el armero esconde otro fusil. Han dejado prácticamente vacío el armero.*)

---

[38] *carajillo:* café con coñac.

FLOR DE OTOÑO. ¿Y no forma la guardia?

SURROCA. ¿Te has creído que esto es «El desfile del amor»?

(Sin embargo, los SOLDADOS *se acercan a despedirlos y a abrirles paso hasta la puerta.)*

UN CALOYO. ¡Adiós, preciosiá...!

OTRO. ¡Y cuídate la garganta...!

OTRO. No te se orvíen hacer gárgaras...

FLOR DE OTOÑO. *(Saludando con su manita.)* Todos, todos, tendréis mi foto dedicada... ¡Tesoros...! ¡Viva el Ejército español...! [39]

(Salen un poco apresuradamente. El armero aparece vacío de fusiles. Se los han llevado todos.)

SEGUNDA PARTE

Aparece otra página de periódico en la que se leen las siguientes noticias. En titulares grandes: Se esclarece el crimen de la ASTURIANITA. *En caracteres más pequeños:* «El presunto asesino del infortunado Arsenio Puig (A). la ASTURIANITA es uno de sus compinches que se oculta bajo el apodo de* FLOR DE OTOÑO, *quien al parecer lo asesinó por supuestas rivalidades amorosas, según declaraciones de un amigo de la víctima. La Policía espera detener rápidamente al que se oculta bajo el nombre de* FLOR DE OTOÑO, *y que actuaba en el cabaret Bataclán que ha sido clausurado por orden del excelentísimo señor gobernador civil.»*

Otra noticia, debajo, con titulares menores: Gustosamente *rectificamos:* «El esclarecimiento del crimen de la As-

---

[39] *¡Viva el ejército español!:* Tanto en ésta como en otras frases de Flor de Otoño al ejército español, hay un cruel sarcasmo, quizá debido a la ya irresistible dictadura del general Franco.

TURIANITA *ha permitido rectificar las temerarias sospechas que recayeron, o alguien hizo recaer, en la persona
de un hijo de familia honorable, culto letrado de nuestra
ciudad, por lo que nosotros somos los primeros en lamentar tan desagradable error imputado a fuentes maliciosas. Nuestro más profundo desagravio a dicha familia
que goza, como gozó siempre de la más alta estimación
de nuestros ciudadanos.»*
*Otra noticia: «Roban armamento en el cuartel de Atara-
zanas.» Tres individuos desaprensivos asaltaron anoche el
cuartel de Atarazanas de donde se llevaron armamento
diverso, mediante engaños. Uno de los maleantes sin
duda anarquistas-pistoleros, se fingió herido y mientras
era curado por un sanitario, sus compinches desvalijaron
el armero del cuerpo de guardia. Parece ser que entre
dicho grupo y el fugitivo asesino de la* ASTURIANITA
existen algunas relaciones.
*Un anuncio: Laxen Busto, lo mejor para el extreñi-
miento.*
*Otro anuncio: Pathe Palace —estreno—, «El Desfile
del Amor», con Maurice Chevalier y Jeannette Mac
Donald.*
*Otro anuncio: Gran Teatro del Liceo; reposición de «La
Traviata». Primera actuación de la eximia soprano Toti
Dal Monte.*
Otro anuncio: Wagons Lits Cook.

*Difuminado el telón aparece de nuevo la familia Cañellas
reunida. La misma familia que habíamos visto en otra
ocasión. Con el mismo carácter fúnebre y crepuscular.
Las mismas tazas de té y café. La misma sombra de la
criada yendo y viniendo. Los mismos gorgoritos de ópera.*
DOÑA NURIA *termina de leer sensacionalmente la noticia
periodística.*

DOÑA NURIA. *(Triunfalista.)* «El esclarecimiento del
crimen de «La Asturianita» ha permitido rectificar las
temerarias sospechas que recayeron, o alguien *(subraya*

165

esto) hizo recaer en la persona de un hijo de familia honorable *(recalcado),* culto letrado de nuestra ciudad *(ídem),* por lo que nosotros somos los primeros en lamentar tan desagradable error imputado a fuentes maliciosas *(recalcado).* Nuestro más profundo desagravio a dicha familia, que goza, como gozó siempre, de la más alta estimación de nuestros ciudadanos.»

(Un suspiro general de satisfacción. DOÑA NURIA *deja el periódico y contempla a todos con aire imperial.)*

LA SEÑORA REGORDETA.   Gracias sean donadas al Senyor...

LA SEÑORA RUBIA.   Amén...

EL JOROBADO.   Gracias a Deu...

EL SEÑOR GORDO.   Ah, sí, está be. Pero... ara hauríen de demanar nosaltres danys i perjudicis...

EL SEÑOR FLACO.   ¡Oh es clar que sí...!

EL SEÑOR GORDO.   Doncs estariabe que amb una rectificació tot se arreglesi...

LA SEÑORA RUBIA.   *(Lloriqueando.)* Hem patit mult...

EL SEÑOR GORDO.   Els nostres negocis, honorables negocis, han patit un merma a la seva honorabilitat y aixó s'ha de pagar...

EL SEÑOR FLACO.   ¡Oh, es clar...!

LA SEÑORA REGORDETA.   ¡Quina cara...!

LA SEÑORA RUBIA.   I a mi las de Puig y Devalla em van voltar la cara l'altre día al Lliceu...

EL SEÑOR GORDO.   No es pot permitir. ¡I ara! Asís amb un desagravi et resotot...! ¡Ja et darán...!

EL JOROBADO.   Ho demanarem. Ho demanarem: una bona indemnizació. Es clar. ¡Ah i a més a més hem de posá a la policía en la pista de aquets inmoral «Flor de Otoño», al que jo coneix...!

(Revuelo general.)

DOÑA NURIA.   ¿Qué dius, ara? ¿Qué tú coneixes aquest individu del hampa?

EL JOROBADO.   Jo se que treballa o treballaba al Paralelu...

EL SEÑOR GORDO.   Al Bataclán, ja ho diu ben clar el diari...

LA SEÑORA RUBIA.   ¿I ara? ¿Es que has anat tu al Bataclán? ¿Eh? ¿Has anat?

EL JOROBADO.   ¿Jo? ¡Mare de Deu...!, ¿qué dius?

LA SEÑORA RUBIA.   ¿Aleshores, per que dius que el coneixes?, ¿eh? ¡Ay, quin nome aquest...!

DOÑA NURIA.   (Conciliadora.) Silenci, silenci...

LA SEÑORA RUBIA.   (Lloriqueante.) ¡Oh y Deu sap a qui haurá anat...! ¿Has anat amb aquella, et, amb aquella? (golpea a su marido en los brazos con sus puños.)

EL JOROBADO.   Calla, dona, calla. ¿I ara?

LA SEÑORA RUBIA.   ¡Jo em moriré...!

EL SEÑOR GORDO.   Aixó no conta ara, dona. Ara lo que haurém de fer es demaná una indemnizació de danys i perjudicis... ¡Oh!, el mateix Lluiset, como abocat ho fará...

DOÑA NURIA.   Tot es fará... Tot es fará. Pero ascolteume, ascolteume. Lo més important está guanyat que es el honor de la familia...

LA SEÑORA REGORDETA.   ¡Oh, ja et darán amb el honor de la familia...!

DOÑA NURIA.   ¡Silenci! El honor de la familia i el honor del Lluiset, que podeu estar ben segurs ja els posará las peras a cuart als qui hagin sigut els autors de la infamia...

EL JOROBADO.   ¡Oh y bona infamia...!

DOÑA NURIA.   O sigui que lo principal está a conseguit. Ara lo que hem de fer es donarhi gracias a Deu i jo us proposo aquest: hem de anarhi tota la familia a Montserrat a donar las gracias a la Moreneta... ¡Tota la familia sencera!

(Alborozo general.)

LA SEÑORA REGORDETA.   Ay, sí, sí. Aixó está be... A Montserrat...

EL SEÑOR GORDO.   Molt be pensat. Aixó lo primer de

tot. Anirem a la Moreneta y aisís tots vuram el nostre dolor...

EL JOROBADO. Demá mateix...

LA SEÑORA RUBIA. Oh, tu ja pots anarhi, pero será sol...

DOÑA NURIA. Ja está dit tot. Anirem tota la familia a Montserrat a donar hi las gracias a la Verge Santísima... *(Todos se ponen en pie y entonan las primeras estrofas del Virolai* [40]. *El Virolai crece al mismo tiempo que se va oscureciendo la escena hasta desaparecer.)*

DOÑA NURIA, *sola. Está llorando. Sentada junto a un secreter, a la luz tamizada por los visillos, que entra a través de la tribuna, luz de atardecer, parece una dama pintada por Rusiñol o Ramón Casas. Entra la* CRIADA. *Y se inicia la siguiente escena benaventina.*

PILAR. Señora, señora... Un señor, que quiere verla.

DOÑA NURIA. Te he dicho, Pilar, que hoy no recibo a nadie. No quiero...

PILAR. Señora, a lo mejor trae noticias del señorito...

DOÑA NURIA. *(Dejando de llorar.)* ¿Qué dius, ara?...

PILAR. Yo creo que es amigo del señorito. ¿Le digo que pase?

DOÑA NURIA. ¿Cómo es? ¿Es joven?

PILAR. Joven y bien parecido...

DOÑA NURIA. ¿Viene solo?

PILAR. Solo; sí, señora. ¿Le digo que pase?

DOÑA NURIA. Anda, dile que pase. *(Sale de prisa la* CRIADA. DOÑA NURIA *se levanta y se mira en el espejo.)* ¡Quina cara faig...! *(Se oye la voz de la* CRIADA: «Por aquí, señor.» *Y entra* RICARD, *el amigo de* LLUISET. *Va vestido a lo dandy y se inclina muy ceremonioso. Pero no puede evitar su cara de macarra, con sus bigotazos y patillas.)*

RICARD. ¿Doña Nuria de Cañellas?

DOÑA NURIA. Servidora...

---

[40] *virolai:* himno religioso a la «Moreneta», Virgen catalana. Letra de Jacinto Verdaguer.

Ricard. Vengo de parte de su hijo de usted...

Doña Nuria. *(Sobresaltada.)* ¿Del Lluiset? Ah, siéntese, por favor, caballero...

Ricard. *(Sentándose y hablando de prisa.)* Un servidor es amigo y compañero de trabajo de su hijo. Le hago de pasante...

Doña Nuria. Oh, mucho gusto, me alegro tanto...

Ricard. Y como supongo que usted estará angustiada sin noticias de su hijo, por eso he cogido mi rolls y aquí me tiene *(saca del bolsillo de la chaqueta una carta)* a traerle noticias...

Doña Nuria. ¡Ay, no sabe, joven, cuánto se lo agradezco! ¡Ay, no sabe lo que estaba sufriendo! ¿Le ha pasado alguna cosa? Dígame...

Ricard. Está muy bien. Está perfectamente bien. Lea esta carta...

Doña Nuria. ¡Ay, gracias a Deu, gracias a Deu...! *(Gritando.)* ¡Pilar, Pilar...! *(La* Criada, *que estaba escuchando detrás de la puerta, entra alborozada.)*

Pilar. ¿Lo ve, señora, lo ve cómo estaba bien?

Doña Nuria. ¡Ay, quina angunia...! La Verge de Montserrat m'ha escoltat...

Pilar. ¿Qué dice la carta?

Ricard. Lea, lea...

Doña Nuria. ¡Ay, qué nervios! *(Despliega la carta.)* «Querida mamita»...*(Se echa a llorar.)*

Ricard. ¿Quiere que se la lea yo?

Doña Nuria. ¡Ay sí!, gracias, joven, es usted muy amable. Ya se ve que es todo un caballero. Pilar trae una taza de café al señor. ¿Un licorcito?

Ricard. No se moleste... Por Dios.

Pilar. No faltaba más... Pero ¿qué dice la carta?

Ricard. *(Leyendo.)* Querida mamita...

Doña Nuria. *(Interrumpiendo.)* ¡Fill meu...!

Ricard. Como supongo que estarás angustiada al no saber de mí, te mando esta misiva con mi amigo y compañero Ricard, para decirte que estoy muy bien, que no me pasa nada...

Doña Nuria. ¡Ay, verge santísima...!

169

Ricard.   ...Y que me vine a la torre de Badalona [41] para descansar unos días y recuperarme del disgusto que nos dieron esos malvados. Estoy con unos buenos amigos, el portador de la carta, que, como verás, es un noi [42] estupendo y otros. No te inquietes y déjame tranquilo unos días. Me hacía falta descansar después de lo que pasó. Te quiero mucho, mucho, mucho. Y te mando muchos, muchos besos. Tu hijo, Lluiset...

Doña Nuria.   Ay, pobre..., qué bueno es...

Pilar.   ¡Ay, qué contenta estoy, señora...! (A Ricard.) Ahora le traigo su café.

Ricard.   (Entregando la carta a la Señora.) No se moleste. Si no vine antes fue porque me era imposible.

Doña Nuria.   ¿Así que están en la torre del tiet? Pero no sé si tendrán ropa suficiente en las camas y...

Ricard.   No se preocupe, señora, todo está bien.

Doña Nuria.   Creo que tendré que ir a echarles una mano...

Ricard.   No, no, señora. Por favor. Qué disparate. Precisamente nos gusta vivir a lo bohemio y aquello es tan divino...

Doña Nuria.   (Riendo.) ¡Ay!, ¡qué juventud ésta...! ¡Qué juventud! Pues sí, yo estaba preocupada al no saber dónde se había metido esa criatura. Y ayer que estuvimos en Montserrat me hubiera gustado tenerle junto a mí...

Ricard.   Quisimos avisarla ayer, pero con el viaje...

Doña Nuria.   En fin, el caso es que esté bien...

Ricard.   Se trata de unos días, para descansar...

Doña Nuria.   Ya le hace falta, pobret, con lo que ha sufrido. ¿Ha visto usted lo mala que es la gente?

Ricard.   Eso hay que olvidarlo...

Doña Nuria.   (Calándose los impertinentes.) ¿Y usted, joven, hace mucho que conoce a mi Lluiset?

Ricard.   ¡Oh!, desde los tiempos de la Universidad. Juntos hemos trabajado en casa del abogado Peracamps...

---

[41] torre de Badalona: torre del pueblo de Badalona. «Torre» se llama en Cataluña a una casa residencial o de campo.

[42] noi, en catalán: muchacho.

Doña Nuria. ¡Oh!, entonces ya le conocerá usted bien a mi hijo. Tan bueno, tan inocente...

Ricard. ¡Oh!, ya lo creo, señora. Un compañero inestimable...

Doña Nuria. Miri, no es porque yo sea su madre, pero todos le dirán lo mismo. Bueno, inteligente, educado, una joya..., en fin, mejorando lo presente...

Ricard. Por favor, señora...

Doña Nuria. Ya veo que usted no tiene nada que envidiarle. Ya sé que mi hijo no alterna con cualquiera, ya...

Ricard. No, señora, es verdad. Su hijo es demasiado serio...

Doña Nuria. ¡Ay!, eso sí. Ahí sí que hi toca. Demasiado serio, demasiado serio. Lo que yo digo. ¿Verdad, usted? Un chico tan joven y tan independiente, que lleva una vida de monje, de monje. Eso es lo que me preocupa un poco. (*Entra la* Criada *con una bandeja y la taza de café.*)

Doña Nuria. (*A la* Criada.) ¿Por qué no has cogido la bandeja de plata?

Pilar. ¡Ay, señora!, estoy tan aturdida de contenta que...

Ricard. Señora..., por favor...

Doña Nuria. Pues lo que le decía, joven, que eso es lo que me preocupa de ese chico, que no se divierte, que no es como otros, que tienen sus ratos de expansión, que disfrutan. Él es tan estudioso, siempre en su «garconnière», en su trabajo... ¡Ay!, no sé, a mí me gustaría que disfrutara un poco. Quitando el Liceo, él...

Ricard. Oh, no se preocupe, señora. Tiempo habrá.

Doña Nuria. Oh, ya ha cumplido los treinta años...

Ricard. Lo que debemos hacer ahora, que es tiempo, señora, es labrarnos un porvenir y después...

Doña Nuria. ¡Ay, sí!, un porvenir. Eso sí. Ya veo que es usted muy juicioso. Ya veo que mi Lluiset sabe escoger sus amistades... (Ricard *asiente con la cabeza.*) Pero a mí me gustaría que ustedes se divirtieran un poco. Que gastaran algo más de dinero... ¿Y de novias qué? Porque mi Lluiset de eso, nada. Ya ve...

Ricard. *(Picaresco.)* Oh, no haga caso, esas cosas se llevan muy en secreto...

Doña Nuria. ¿Ah, sí? ¿De verdad? ¿Hay alguna damita por en medio?...

Ricard. *(Muy picaresco.)* Esas cosas son muy íntimas y...

Doña Nuria. ¡Oh!, pero a una madre no se le debe ocultar nada. ¿Así que andan ustedes de picos pardos? ¡Ah pillines, pillines...! Pues le reñiré por no decirme nada...

Ricard. Bueno, son tonterías, ya sabe...

Doña Nuria. *(Muy contento.)* Sí, sí tonterías. Lo malo es que alguna lagarta le engatuse y como él es tan bueno, tiene un corazón así. Con tal de que no se trate de una corista o cosa por el estilo...

Ricard. Por favor, señora. Nosotros no frecuentamos ciertos lugares...

Doña Nuria. Me alegro, me alegro que se diviertan ustedes sin propasarse. No sabe qué placer tan grande he tenido en conocerle. No lo sabe. Tiene usted que venir más por esta casa...

Ricard. Estoy tan atareado...

Doña Nuria. ¡Ah, ya está bien! De vez en cuando hay que echar una canita al aire...

Ricard. Ya lo hago cuando puedo...

Doña Nuria. Es usted también un poco tímido, como el Lluiset.

Ricard. Hombre, tanto como tímido...

Doña Nuria. Sí, sí, a mí no me engaña, que una ya ha vivido bastante. Es usted tímido y bueno. El compañero apropiado para mi Lluiset, pero tienen que animarse entre los dos y...

Ricard. ¡Oh!, ya nos animamos, ya...

Doña Nuria. Y, dígame, ¿usted no es catalán?

Ricard. Sí, señora, soc nascut a Vilanova, mis pares...

Doña Nuria.   ¡Ah...!, ¿i per que no parla el catalá?...

Ricard.   ¡Oh!, no ho se, com tinc la costum al despax y aixó a parlar hi en castellá...

Doña Nuria.   Ah, es clar. Com mi Lluiset... ¡Ay!, no sap vusté, no ho sap be quina joia tinc al haberme portat tan bones noticies y també, es clar, de conoixer a un jove de las prendas de vusté...!

Ricard.   ¡Senyora, señora...! (*La luz decrece y se hace el oscuro.*)

Cooperativa Obrera del «Poble nou». Salón de har con grandes ventanales neogóticos que dan al suburbio. Mesas de mármol donde se sientan obreros a tomar su carajillo y echar la partida entre turno y turno de fábrica. Letreros ácratas y carteles progresistas en la pared. («La propiedad es un robo», etc.) Siglas sindicalistas y el escudo de los «Coros d'en Clave». Como una flor exótica se abre la gramola. Suntuosidad popular ya desgastada. Humazo. Rostros torvos y exaltados. Sombras inquietas alrededor de una mesa de billar. Como flor en el fango, tras el mostrador de mármol impoluto, una «noia» [43] *frescachona abre la corola de sus dieciséis años como una esperanza de paz y felicidad en el siniestro rostro del suburbio ácrata e industrial.*

Allá, junto a uno de los ventanales, se sienta Flor de Otoño-Lluiset, *vestido con un atuendo híbrido entre macarra y pistolero: gorrilla elegante, una bufanda anudada coquetamente al cuello y jersey de cuadros azules y blancos bien entallado que describe sus formas pectorales y cintura. Pantalón gris, zapatos blancos. Si no estuviera en tal sitio podía ser un deportista de Montecarlo. El* Surroca *se halla entretenido con una radio de galena que extiende sus alambres sobre su gran cabezota y tapa sus orejas con enormes auriculares. El* Ricard, *con su abrigo de gran vuelo echado sobre los hombros,*

---

[43] *noia:* chica, muchacha, en Cataluña.

*el sombrero de ala flexible y bohemia echado hacia atrás,
a lo ganster, le está dando el parte del día.*

RICARD.   Puedes estar tranquilo.

LLUISET.   Una madre es una madre. *(Tararea el «Nen
de la mare».)*

RICARD.   Es molt trempada tu madre. Me partía de
oírla...

LLUISET.   ¡Pobreta...!

RICARD.   Eso de la familia es un atraso.

LLUISET.   ¿Qué vols? Ácrata, una es ácrata. Pero
también tiene corazón...

SURROCA.   *(Gritando como exaltado.)* ¡Ja ho tinc! ...,
¡ja ho tinc...!

LLUISET.   *(Dando un respingo.)* ¡I ara...!, ¡quin
sust...!

SURROCA.   ¡S'escolta..., s'escolta...!

LLUISET.   Y toda la mañana así. Qué dolor de cabeza...

*(Han llegado cuatro hombres torvos y siniestros. Go-
rrilla mugrienta, blusones, fajas ciñendo sus lomos.
La* NOIA DEL MORTRADOR *les conduce como una «bea-
trice» popular hacia los señorones camuflados.)*

LA NOIA DEL MOSTRADOR.   Senyor Ricard, aquests senyors us demanam...

RICARD.   *(Levantándose.)* Ah, sí, hombre... Sentarse,
hombre, sentarse... *(Al* LLUISET.*)* Ja els tenim ací... *(Los
cuatro hombres permanecen sin embargo de pie y no se
sientan, no se sabe si por respeto o porque prefieren no
mezclarse con cierta gente.)*

CAMÁLIC [44] CATALÁ.   *(Uno gordo y con barretina.)*
Senyó Ricard: el portu lo millor del Borne i els seus
alrededores... *(Muestra la mercancía, que son los otros
tres que saludan con una especie de gruñido.)*

LA NOIA DEL MOSTRADOR.   *(Que se mantenía un tan-*

---

[44] *Camálic,* en catalán: mozo de cuerda.

to retirada.) ¿Volem prendre quasevolt els senyors? ¿Un cafetot, un carajillu?...

EL CAMÁLIC CATALÁ. Ja t'ho demanarem, nena, ja te ho demanarem...

(Los otros miran a la niñita y se nota que se les va la mano hacia el trasero de ella, que lo movía seductor al retirarse hacia el mostrador.)

RICARD. Asis que si no voleu seura...

EL CAMÁLIC CATALÁ. Hi ha molta feina encara...

EL CAMÁLIC GALLEGO. Nusotrus estamos al aviu de lo que manden os señoritus...

RICARD. *(Al* LLUISET.) Tú dirás... Aquí es el que manda... (LLUISET *observaba la estructura maciza de los cuatro camálics y se ajustaba la bufanda al cuello herido.)*

EL CAMÁLIC CATALÁ. *(Con una leve inclinación de cabeza.)* Tan de gust, senyó... *(Gruñido de los otros.)*

LLUISET. *(Guiñando un ojito.)* Em sembla que estan pintiparats. Parlas-li tú, Ricard y vosaltres excusarme que tinc mal de cap...

RICARD. *(Levantándose.)* Aleshores... Ya les habrá dicho algo el Sebastianet...

EL CAMÁLIC CATALÁ. Sí, señor. Pero si le place pot parlarhi catalá, aunque éste es gallego, ese andaluz y el otro murciano, ho comprend. ¿Oi que sí? *(Gruñidos del trío gallego-andaluz-murciano que no se pueden interpretar ni como sí, ni como no.)*

RICARD. Es igual. Hablaremos en castellano, pa que quede todo bien clarito. Se trata de suministrar un correctivo a un tipo, vamos, quiere decirse, de dar una paliza a un gachó...

EL CAMÁLIC CATALÁ. Sí, señor, una panadera que diem en catalá...

EL CAMÁLIC ANDALUZ. Amoo, una capuana que llaman en mi tierra...

EL CAMÁLIC GALLEGO. Una güena soba...

EL CAMÁLIC MURCIANO. *(Orondo y efusivo como buen*

levantino.) Soba, tunda, zurra, panaera, curra, vaselina... (*Tienen que cortarle los otros.*)

El camálic catalá. Pues, señor, ens diu vusté de qui es tracta, las condicions y queda el asunto finiquitao...

Ricard. (*Sacando una foto del bolsillo trasero del pantalón.*) Éste es el gachó. ¿Acaso le conocéis?

El camálic catalá. (*Sacando unos lentes y poniéndoselos, mira con solemnidad la foto.*) De moment... (*La triada de cabezas se asoma para mirar la foto.*)

Ricard. Es uno que andaba con «La Asturianita», una del Barrio Chino...

El camálic andaluz. ¡Zí, zeñó...!, ¡zí, zeñó...! Un zervió curreló pa ezte tipo... ¡Zí, zeñó! Un zervió maniobraba un organillo, cuando ezte hijo e la gran puta ze dedicaba a la múzica.

El camálic catalá. Para el caso es lo mismo. Más que nada para saber quién es y ponerle los puntos en el lugar y hora... Con eso basta...

Ricard. Frecuenta el Paralelo...

El camálic catalá. No es preocupi, que ja ho pillarem... Asís que...

Lluiset. (*Interviniendo muy nervioso.*) Una tunda, una buena tunda, una panadera, sí señor... pero de chipén, de órdago, de padre y muy señor mío...

El camálic catalá. No tiene usted que decirme nada, señorito, que de eso ya me encargo yo. Se trata de si va pal hospital o pal cementerio...

Lluiset. (*Apretándose las sienes.*) ¡Ay, compadre!, no miente usted esa palabra, cementerio... (*El Surroca tiene cara de loco escuchando tras los auriculares y los* camálics *le miran un poco embobados.*)

Ricard. (*Retirándose con la colla*[45] *de* camálics *hacia la barra.*) Aixó, vusté m'entend. Una panadera buena, que se le bajen los humos. Que se le quiten las ganas de chulear.

El camálic catalá. Sí, señor. Sí, señor. Ya conozco el género. Me parece que quedarán ustedes satisfechos...

---

[45] *collá,* en catalán: grupo.

RICARD. Sin escándalo, ni complicaciones…

EL CAMÁLIC CATALÁ. ¡I ara…!

RICARD. En cuanto a dinero…

EL CAMÁLIC CATALÁ. *(Cogiéndole al vuelo.)* D'aixó… Miri. Le voy a ser franco. Li parlo en plata. Nosaltres ens guanyem la vida en el Borne, fem de camálics, es clar, perque no sahem fer un'altra cosa. Pero si hauren de perder un jornal…

RICARD. Ah, claro, claro, claro. Esc jornal que ustedes pierden se les abona y además…

EL CAMÁLIC CATALÁ. Doncs ja está tot parlat. Lo demás a su voluntad…

EL CAMÁLIC GALLEGO. *(Interviniendo.)* En Galicia pur menus de cincu pesus no se maja a ningunu…

RICARD. *(Tratando de integrarles a todos en un abrazo.)* No preocuparse, que vais a quedar satisfechos. Vosotros hacéis la cuenta de los jornales, que os abonamos junto con la mitad de la paga…, y la otra mitad cuando esté hecho el trabajo…

EL CAMÁLIC CATALÁ. No ems barallarem, cag'un coin… Som entre companys…

RICARD. Entre companys y es trata de d'un enemic del poble, d'un chupasangre del obrero, como ha dicho aquí *(señala al* ANDALUZ.)

EL CAMÁLIC ANDALUZ. *(Interrumpiendo.)* La mare que lo parió al tío, le rajo la jeta como me llamo Manolo…

EL CAMÁLIC CATALÁ. Sí, señor. Un burgués. Lo mismo da mandarle al otro mundo, con perdón…

RICARD. ¡Bravo! Ahora convidarse. Nena, convida a estos señores…

LA NOIA. ¿Qui volem?

EL CAMÁLIC ANDALUZ. Pa mí un carajillo, ricura…

(Metidos ya en el alboroque, las voces se difuminan y RICARD *se vuelve al grupo de sus compadres.)*

(El SURROCA, *mientras tanto, entusiasmado con su radio de galena, pasaba los auriculares al* LLUISET *que hacía mohines.)*

177

SURROCA. ¡S'escolta chanchi, maca! *(Poniéndole el auricular.)* Te. Mira quin tangu...

LLUISET. ¡Ai...!, dexam. ¡Quin burinot [46]...! *(Luego de cerrar los ojirris.)* No sentu res, res...

SURROCA. *(Enfurecido.)* ¡I ara...! Porta...

LLUISET. Espera... *(Con un gritito.)* ¡Ay, sí, ja ho sentu...! Un tangu... ¡Oy...! *(Canturrea.)* «Yo soy la morocha [47] - la más apreciada - la más agraciada - de la población...»

RICARD. *(Dándole un golpecito en el hombro.)* Ascolta, tú... Aixó que...

LLUISET. *(Deteniéndole con la manita. Sigue cantando.)* «Soy la morocha argentina...»

SURROCA. Porta, ja está be, ja lo has escoltat...

LLUISET. *(Quitándose los auriculares y entregándoselos.)* Toma, toma..., ¡oy, quin pardal...! I ara...

RICARD. *(Al LLUISET.)* Que digo que ya están aleccionados. Que le van a estomacar be al tiu...

LLUISET. *(Con un placer sádico.)* ¡Ay, pobret...!

RICARD. *(Mirando por el ventanal.)* I ara ja som ací els altres. *(Al SURROCA.)* Tú, deja ya tot aixó, que vamos a empezar...

(Entran ahora otros tres tipos. Estos son jóvenes. Estudiantes calaveras. Ojerosos y crápulas. Sombreros estilo gansters echados hacia atrás.)

ESTUDIANTE 1.º *(Palmoteando al RICARD.)* Renoi, ¡quina carrera...!

RICARD. Salud, compañeros. Sentarse. ¿Qué llevais ahí?

ESTUDIANTE 2.º *(Que lleva un envoltorio redondo en papel de periódico.)* Una pelota, pa jugar un partido...

ESTUDIANTE 3.º *(Que es rubiales y parece llegado de Oxford.)* El tío, que ha fabricao una bomba...

---

[46] *burinot:* moscardón, en catalán.
[47] *morocha,* argentinismo: morena.

LLUISET. ¿Una bomba? ¡Ay, mi madre...!

ESTUDIANTE 1.º Es una sandía de invierno. Échala pa aquí... *(El otro le tira el envoltorio y lo recoge con garbo.)*

RICARD. No fumeu... ¿Es veritat? ¿Qué es aixó?

ESTUDIANTE 3.º Una bomba... Ya te lo decimos. Pa empezar la fiesta. En cuanti que estalle...

ESTUDIANTE 2.º Tengo un tío que es fallero en Valencia...

RICARD. Bueno, menos guasa, Tomasa... *(El SURRO-CA ha dejado la radio de galena y empieza a interesarse en el asunto.)* La cuestión es que...

ESTUDIANTE 1.º Nosotros dispuestos. Todo a punto...

RICARD. *(Al LLUISET.)* Habla tú...

LLUISET. *(Llevándose la mano a la cabeza.)* ¡Huy...!, tinc un mal de cap. *(Poniéndose serio de pronto.)* ¿Qué hay de la fábrica?

ESTUDIANTE 1.º *(Relamiéndose.)* En «Serracant Perfumes de París» todo a punto. La mecha encendida. Arderá como el ninot [48] de una falla...

LLUISET. *(Frotándose las manos con entusiasmo.)* ¡Ay, pobret, mi tío el chepa [49]. ¿Y los obreros?

ESTUDIANTE 1.º A la huelga... Los de la Catalana, la Hispánica, la Vasco Navarra..., tots a la vaga... En cuanto se prenda la mecha...

ESTUDIANTE 2.º Derecho y Medicina se unen a la huelga.

ESTUDIANTE 3.º Los sindicatos ácratas hacen causa común con nosotros frente al capitalismo y la inquisición...

ESTUDIANTE 1.º *(Dando una palmadita.)* Echa, pilili [50]...

ESTUDIANTE 2.º *(Tirándole el envoltorio de papel.)* Para el gol...

ESTUDIANTE 1.º *(Gogiendo el envoltorio.)* En cuan-

---

[48] *ninot:* muñeco.
[49] *chepa:* joroba. (Mi tío el que tiene joroba.)
[50] *pilili,* argot: niño, muchacho.

ti que estalle este chollo *(mostrando el envoltorio)* tot Poble Nou se pone en llamas. ¡Vivan los irredentoos...!

(La barra del mostrador está llena de siluetas turbias, acechantes. Se empieza a palpitar el aire de los grandes acontecimientos.)

SURROCA. *(Mirando con nostalgia su radio de galena.)* Ahora que ya se oía bien ésta.

LLUISET. ¡Ay, qué caprichoso eres! A punto de triunfar la revolución ácrata y tú con la radio de galena...

RICARD. ¿Y qué hay por Vilanova?

ESTUDIANTE 1.º Fetén... Los del Club harán descarrilar el exprés de Madrid. El sudexpréss...

LLUISET. *(Con un gritito.)* ¡Huy qué espanto...! ¿Y los Perfumes Serracant a quina hora?

ESTUDIANTE 1.º ¿Tú ves esto? *(Enseñando el envoltorio.)* Cuando esto estalle, fuego.

LLUISET. ¡Ay, pues, tendría que avisar a mi tío el chepa...!

RICARD. No me hagas reír...

ESTUDIANTE 2.º Bueno, ¿y quién convida a un carajillo? No vamos a ir a la trinchera sin entonarnos un poco...

RICARD. Nena..., porta tres carajillets...

SURROCA. *(Entusiasmado.)* ¡Ah!, no saben los burgueses la que les espera...

RICARD. *(A los* ESTUDIANTES.*)* Hemos distribuido armas del cuartel de Atarazanas...

ESTUDIANTE 1.º *(Riendo de gozo.)* ¿De Atarazanas? Sois uns tius de cullons...

ESTUDIANTE 2.º *(Jugueteando con el envoltorio, canturrea.)* «Jo te l'ancendré - al tiu, ti fresco - jo tello encendré...» *(Se queda en suspenso porque entran dos guardias civiles de pronto, que paralizan al personal cooperativista. Se hace un silencio. El niño del envoltorio se queda como una estatua con la bola en las manos, con algo de olímpico ateniense. Porque la pareja de los civiles se dirige precisamente a ellos mismos.)*

GUARDIA 1.º ¿Qué pasa aquí?

(El silencio se espesa. La niña del mostrador se ha quedado también con la taza en las manos.)

LLUISET. *(Que es el primero en recuperarse.)* Como pasar, no pasa nada, señor guardia... ¿Le apetece una copa?

GUARDIA 1.º *(A los ESTUDIANTES.)* Ustedes, identifíquense...

ESTUDIANTE 1.º ¿Nosotros?

GUARDIA 2.º *(Más conciliador.)* ¿No están oyendo, o qué?

RICARD. *(Abriendo una ancha sonrisa.)* Estos son amigos, de Vilanova...

GUARDIA 1.º A mí eso me tiene sin cuidado, si son de Vilanova, como de Vilavieja...

LLUISET. ¡Oy, por Dios...!

GUARDIA 2.º *(Al LLUISET.)* Usted haga el favor de callarse de momento...

GUARDIA 1.º Venga, los papeles...

ESTUDIANTE 2.º *(Pasando el paquete al ESTUDIANTE 1.º)* Toma esto, que no puedo desabotonarme la chaqueta...

ESTUDIANTE 1.º *(Fingiendo susto.)* A mí no me des tú esto...

GUARDIA 1.º *(Dando un puñetazo sobre la mesa.)* Venga, menos guasa aquí...

ESTUDIANTE 2.º *(Tirando el paquete al LLUISET.)* Toma tú, esto...

LLUISET. *(Dando un gritito.)* ¡Ay, madre mía, la bomba...!

GUARDIA 1.º *(Ya enfurecido.)* ¡Qué ya está bien de guasa! *(Señalando el envoltorio.)* ¿Qué leches es eso?

LLUISET. Una bomba, guardia, una bomba...

GUARDIA 2.º *(Conciliador.)* Pero, hombre, que no son cosas de guasa...

SURROCA. Sí, sí, guasa...

GUARDIA 1.º Ustedes se vienen con nosotros al cuartel...

181

Estudiante 1.º Lo que ordene, cabo. Trae la bomba...

Estudiante 2.º Deja aquí la bomba...

Lluiset. Toma la bomba...

Guardia 1.º *(Echando sus manazas al envoltorio y cogiéndolo.)* Se acabó ya el cachondeo. Se acabó ya el choteamen. Aquí sos habéis creío que la autoridá es... Tó el mundo pa afuera... Saca la pistola, Felipe...

(Mientras el Guardia civil 2.º saca de mala gana la pistola, los conspiradores se ponen en pie.)

Lluiset. Vamos adónde usted quiera. Pero, no diga que no le avisamos, no diga que no le avisamos, que lo que tiene usted en esas manitas es una bomba, una bomba...

Guardia 1.º Me cagüen... Ahí va la bomba... *(La lanza a la calle por el ventanal, y un segundo después estalla un horrísono estruendo, saltan los cristales hechos añicos, se caen las mesas, se tambalean las figuras y se oscurece la escena.)*

(En la oscuridad estallan los disparos, los gritos ácratas, los himnos, las pisadas de los cascos de los caballos, el tintineo del coche de los bomberos, las voces de aguardiente, etc. En medio del pandemonium [51] se ilumina otra vez la escena y la cooperativa se ha convertido en una trinchera terrible. Los cristales rotos. Las mesas sirven de parapeto. Las molduras comidas por los disparos. Incluso los letreros ácratas han sufrido los efectos de la revolución, y donde antes decía «La propiedad es un robo» ahora se lee únicamente: «La propi es un robo». El Lluiset, el Surroca, el Ricard, los Estudiantes, los Camálics y otros individuos turbios luchan como jabatos encarando los fusiles por las ventanas y tras la trinchera improvisada. La Noia del bar aparece blanca y frágil entre la vidriería rota

---

[51] *pandemonium:* lío, desorden...

*de los estantes, muerta de miedo y soltando sollozos
que sirven de contrapunto a los disparos, blasfemias
y jaculatorias de los combatientes. Las piernas espata-
rradas de uno de los guardias civiles muerto en el primer asalto, emergen por encima de un sofá desgualdramillado*[52]. *Humazo de pólvora y heroísmo flotante.)*

LLUISET. *(Disparando con una pistolita de señora.)*
¡No ens agafareu, no...!

RICARD. *(A grito pelado.)* ¡Visca el comunismo lli-
bertari...!

LLUISET. *(irguiéndose muy heroico.)* ¡Aquí estem,
aquí estem...!

SURROCA. Me habéis destrozao mi radio e galena,
pero yo me he llevao a más de uno por delante...

UN FUSILERO CAMÁLIC. ¡Muerte a la burguesía chupasangre...!

OTRO FUSILERO OSCURO. ¡Visca la Catalunya
Lliure...!

OTRO FUSILERO CAMÁLIC. Cagun'coin ja us donarem, ja...

SURROCA. Toma, pilili...

UN ESTUDIANTE. ¡Lacayos de la burguesía...!

OTRO ESTUDIANTE. ¡La autoridad es una mierdaaaa...!

LA NOIA DEL BAR. ¡Ay, mare meva...!, ¡ay, mare...!,
¡ay Verge...!

LLUISET. *(Volviéndose.)* Calla, nena, calla...

UN CAMÁLIC FUSILERO Y NUMANTINO. ¡La sangre de
los mártires nos traerá la primavera libertariaaa...!

VARIOS FUSILEROS. ¡Olé la madre que te parióoo...!

SURROCA. *(Al LLUISET.)* Dale a ese, tú que lo tienes
cerca. Al del pompón, apunta...

LLUISET. *(Cerrando los ojos.)* Le di...

CORO DE FUSILEROS. ¡Arriba los pobres del mundo...! *(Horrísono estruendo.)*

VOCES QUE VIENEN DE FUERA. ¡Germaness us lliberarem..., us lliberarem...!

---

[52] *desgualdramillado:* deshecho.

LLUISET. No las hagais caso, hermanos, que son sirenas...

VARIOS FUSILEROS. ¡Hijos de puta, hijos de puta, hijos de puta...!

UN CAMÁLIC FUSILERO ENLOQUECIDO. Pa hijos de puta, nosotros..., nosaltres...

LA NOIA DEL BAR. *(Gritando estremecida.)* ¡Ay, mare meva..., ay, jo no vull estarhi mes...!

LLUISET. Calla, nena, calla d'una vegada... Anda, portame un vas d'aiga que em moro de sed...

LA NOIA DEL BAR. ¡Ay, señorito...!

LLUISET. ¡Qué señorito, ni leches! ¡Porta un vas d'aiga...!

RICARD. Vashi tú, home, que no veus que la nena te por...

LLUISET. Vosaltres seguíu que jo torno... Me voy a la retaguardia... *(Se retira hacia el mostrador y apartando a la nena se sirve el agua.)* Quina por tens, nena...

LA NOIA DEL BAR. *(Abrazándose a él.)* ¡Ay, señoritu...!, ¡ay...!, jo vull anarme a casa...

LLUISET. *(Ofreciéndola agua.)* No pasa res, noia..., no pasa res... Te, veu una mica d'aiga...

SURROCA. *(Disparando febril.)* ¡Ay, quina rauxa, quina rauxa [53]...!

RICARD. ¡Adelante los hombres librees...!

UN ESTUDIANTE. ¿Y adónde están los poetas? ¿Dónde están los poetas que cantaban a la libertad...?

OTRO ESTUDIANTE. ¿Los poetas? Debajo la cama...

UN FUSILERO CAMÁLIC. ¡Cagun coin...! Ja se m'ha encasquillat altra vegada. Quina merda de fusils tenían en Atarazanas...

OTRO VOLUNTARIO. Tira pa atrás del cerrojo...

EL FUSILERO CAMÁLIC. Ja tiru, coin...

EL OTRO. Porta ací... *(En ese momento estalla el fusil y hiere a los dos* FUSILEROS.*)*

EL CAMÁLIC ANDALUZ. ¡Me cagüen la leche...!, ya

---

[53] *rauxa:* rabia.

tenemoo doo baja; pero aquin habemooo unoo cuantoo que valen por sincoo...

UN ESTUDIANTE. ¡Ele, pililii...!

UN FUSILERO. ¡Arriba el comunismo llibertarii...!

OTROS. ¡Arribaaa...!

UN CORO IMPROVISADO. Visca el pa, visca el vi, visca la mare que ens va parir. Visca el pa, visca el vi, visca la mare que ens va parir...

LLUISET. *(Que tiene abrazada a la* NOIA, *la acaricia.)* No tinguis por, nena. ¿Que no veus que lluitem per tú y per las noias com tú? ¿Que no veus que lluitem perque no hagi mes sang, ni mes violaciós, ni mes fam, ni mes...

LA NOIA. *(Mirando arrobada al* LLUISET.*)* Jo tin por...

LLUISET. *(Acariciándola.)* Ja vuras. Ja..., quan siguis grand del tot, serás molt feliz y podrás vivir tranquilla y en pau amb el home que tu vulguis, amb teus fills... ¿Qué no veus, nena, que lluitem perque tots, tots sigueu felisus...?

LA NOIA. *(Que empieza a consolarse.)* Sí, ja ho compren, sí...

LLUISET. Doncs, noia...

UN FUSILERO. ¡Pero quina merda de fusils militars...!

RICARD. Sí, encara. A caballo regalao no le mires los dientes...

UN FUSILERO CAMÁLIC. *(Con el rostro lleno de sangre empieza a dar saltos por entre las ruinas.)* ¡Ya me han dau los hijus de puta..., ja me han dau esus hijus de la gran puta...!

OTRO CAMÁLIC. No te achantes, gallego...

EL HERIDO. *(Empezando a tirar por la ventana trozos de mármol de la mesa.)* Ya pudréis, asesinus, ya pudréis con tantu caloyu...

ESTUDIANTE 1.º ¡Compañero, ánimo, que esa sangre es la sangre de la primavera libertariaaa...!

UN ECO. ¡La primavera libertariaaa...!

LLUISET. *(A la* NOIA.*)* La primavera llibertaria. Aixó farem... Ja ho vurás, nena, ja ho vurás como vindrá la

185

primavera i tot será com una mena de rosas sensa espines…

RICARD. (*Al* LLUISET.) Venga, ya, tú, déjate de folletines y vente pa aquí que esto se pone feo…

SURROCA. (*Dando saltos como un mono.*) ¡Que se pone feo, que se pone feo…!

UN ESTUDIANTE. ¡Pisaréis cadáveres, pisaréis cadáveres…!

UN FUSILERO EXALTADO. ¡No pasarán, no pasarán, no pasarán…!

LLUISET. (*Tratando de zafarse de la* NOIA.) Deixam, maca, que he de lluitar…

LA NOIA. 'No em deixe, no em deixe…

LLUISET. Nena, nena…

UN CORO IMPROVISADO. ¡Els tenim be posats, els renim be posats…!

OTRO CORO. Visca el pa - visca el vi - visca la mare que ens va parir…

(*Un enorme estruendo. Todo tiembla.*)

SURROCA. (*Con un grito.*) ¡La artillería! Los cabrones han posat la artillería…

(*Hay un gran revuelo de heroísmo. El* LLUISET *se ha tirado al suelo con la* NOIA. *Humaradas de polvo.*)

VOCES. ¡No pasarán, no pasarán…!

OTRAS VOCES. ¡Pisarán cadáveres…!

OTROS. ¡Adelante, hermanos! ¡Viva el comunismo libertariooooo…!

(*Estruendos artilleros. Temblor de tierra. Un trozo de techo que se hunde y las voces cada vez más roncas y exaltadas.*)

VOCES YA ENTRE EL HUMO. (*Roncas e invencibles.*) Visca el pa - visca el vi - Visca la mare que ens va parir…! (*Gran estruendo y oscuro.*)

(Iluminados por unos potentes focos, aparecen senta-
dos en el infame banquillo los tres cabecillas del abor-
tado golpe revolucionario del Poble Nou. El LLUISET
*—*FLOR DE OTOÑO*—, el* RICARD*, el* SURROCA*. Se adi-*
vinan sombras de tricornio, reflejos de sables militares.
tenebrosidades de castillo militar y ambiente de juicio
sumarísimo. Ellos miran al frente con aquella lumbre
de locura en sus ojos, propia de los que ya no esperan
nada de este mundo.)
(A su alrededor suenan diversas voces, que a veces
quedan truncadas en medio de una frase, otras se ha-
cen ininteligibles, otras adquieren un tono parlamen-
tario. Voces fiscales, periodísticas, callejeras, que ellos
escuchan como una música fúnebre, que no merece la
pena considerar.)

UNA VOZ SECA Y MILITAR. Asesinos, atracadores a
mano armada, inmorales, viciosos, cocainómanos, pistoleros a sueldo de la delincuencia internacional...

UNA VOZ PERIODÍSTICA. Barcelona, la apacible y pro-
gresista ciudad del mediterráneo, emblema del trabajo y
del fervor ciudadanos añade hoy una nota siniestra a la
iluminada presencia del Certamen Internacional: la in-
tentona criminal que unos cuantos delincuentes vulgares,
apellidados ácratas, llevaron a cabo para satisfacer instintos criminales y sembrar de horror a los pacíficos ciudadanos de nuestra industriosa y bella ciudad...

VOZ SECA Y MILITAR. Cocainómanos, homosexuales,
ladrones, hampa internacional, masonería, comunismo...

UNA VOZ PERIODÍSTICA. Esta tierra de poetas y de
artistas, esta tierra de hombres empresariales, de raza
decidida, cuna de los almogávares, no puede albergar en
su seno semejante taifa de [54]...

VOZ SECA Y MILITAR. Separatistas, miembros del crimen internacional, libertarios del vicio...

UNA VOZ PERIODÍSTICA. Nuestra libertad no puede
enajenarse a cambio de la proliferación de semejantes rep-
tiles surgidos de la reclusa hampona de otros países, que

---

[54] *taifa de:* grupo de.

emponzoñan nuestras bellas ciudades y el aire de nuestra sagrada convivencia...

Voz seca y militar. Viciosos homosexuales, cocainómanos, desechos humanos ya sin forma propiamente humana...

Voz periodística. Y por muy doloroso que nos resulte, la presencia entre los criminales de algún hijo de familia honorable perteneciente a una sociedad laboriosa, voluntariamente, cegado por las cadenas del vicio, no ha de torcer nuestro deseo de justicia implacable... Debemos ser inflexibles y recordar aquello de «lex dura sed lex»...

Voz seca y militar. Dinamitaremos ese nefasto barrio chino, cortaremos la gangrena social fulminantemente...

(Ahora se oyen voces ciudadanas un tanto confusas.)

— Que los afusilen a todos...
— La tranquilidad es la tranquilidad...
— Tranquilitat i bons aliments...
— Quin horror, quin horror...
— Gent depravada, gent sensa principis...
— ¡Pobre Cataluña, qué día de luto...!

Una voz periodística especializada. De dolt, de dolt s'ha vestit la nostra Catalunya amb aquest rembombori maleit d'un grupet que es diun «ácratas» i es clar que no som mes que vulgars delinquents, asesinus i viciosus, que volem portar a la nostra Catalunya, avui rient y esplendorosa, als abismus de la Semana Trágica...

Voz seca y militar. ¡Muerte, muerte, muerte, muerte...!

Voz periodística y clerical. Germans es forsa dificil amb aquest deliri tornarhi una mirada de misericordia en no hi ha mes que fang, depravació, satanisme... Demanem a la justicia de Deu lo que la justicia dels homes no pot fer, entonem un cant de penitencia y dieu amb mi: miserere nobis, miserere nobis, miserere nobis...

Voz seca y militar. *(En un susurro decreciente.)* Muerte, muerte, muerte, muerte...

(Los tres guajas del banquillo, indiferentes, siguen desafiando al público a través de su mirada enloquecida.)

Lóbrega sala del castillo de Montjuich acondicionada de capilla. Horas antes del amanecer. Un Cristo tétrico sobre una mesa en que lucen dos blandones[55] *siniestros. Tres camastros. Una mesa con unas botellas y restos de comida. En la luz agria se adivinan los bultos de los tres condenados: el* Lluiset *está tendido sobre un camastro un poco al estilo odalisca, envuelto el cuello en aquella bufanda; el* Ricard, *sentado a caballo sobre una silla, se sume en meditaciones profundas; el* Surroca, *sigue escuchando aquella radio de galena, los alambres sobre la cabeza, los auriculares en las orejas y la mirada febril. En el silencio destacan los pasos de un* Sacerdote, *que mide de punta a punta la escena, a veces se detiene ante el Cristo y junta las manos. Un* Teniente, *el defensor sin duda, mira tras la ventana enrejada, el sable sostenido entre las manos, hacia el mar del que llega un rumor de sirenas y el aleteo de las gaviotas. Un* Centinela, *triste caloyo rapado, da cabezadas, apoyado en el fusil junto a la puerta.*

El sacerdote. *(Luego de otro de sus paseos. Plantándose ante los condenados.)* Hermanos, hermanos míos, tened confianza en Dios que os está mirando... *(Silencio.)* Un instante tan solo, un instante y seréis salvos. He aquí que Jesús vio venir a un centurión, el cual tenía a su esclavo enfermo... Escúchame, hijo... *(Se ha sentado al borde de la cama del* Lluiset, *que da un respingo.)*

---

[55] *blandones:* cirios.

Lluiset.   ¡I ara…! Quin burinot aquest home, quina nit me está fen passar… Fugi d'ací… *(El* Sacerdote *se levanta y se retira unos pasos. Queda dubitativo y observa a los otros reos, no atreviéndose, por su actitud, a intentar la conquista de aquellas almas. El* Sacerdote, *moviendo los brazos, va hacia el* Teniente, *el cual le da un golpecito amistoso en la espalda. El* Sacerdote *parece sentir, a través de la caricia, una energía agustiniana que le lleva a hincarse de rodillas ante los réprobos y continuar con su sermón.)*

El sacerdote.   Hermanos, acordaos de aquel pobre centurión que tenía a su esclavo enfermo, enfermo y desahuciado, su esclavo tan esclavo como nosotros somos míseros esclavos… Un esclavo a quien adoraba y quería como a su propio hijo…

Lluiset.   *(Incorporándose un poco.)* ¿Se querían?

El sacerdote.   Se miraban uno en otro a través de la bondad de Dios…

Lluiset.   Está be…, ¿i aleshores?…

El sacerdote.   Pues, aleshores, hijo, vio venir el centurión a Jesús y le dijo… «Señor tengo a mi esclavo enfermo, pero yo sé que tú, sólo tú, puedes curarle. Ven, pues, a mi casa y di una palabra, una sola palabra y mi esclavo será sanado…»

Lluiset.   Coin, quina cara…, sensa pagarhi res…

El sacerdote.   *(Sin hacer caso.)* He aquí la fe. He aquí la fe en la misericordia del Señor. Asimismo vuestras almas, por mucho que pecaron, pueden ser sanadas con decir una sola palabra… *(Se levanta y va como una catapulta hacia* Lluiset *llevando el borde de su estola.)*

Lluiset.   *(Dando un respingo de la cama y corriendo hacia el otro extremo de la sala.)* ¡Ai, mara, que s'ha tornat boix…!

El sacerdote.   ¡Hijo, hijo…, una sola palabra…!

Lluiset.   *(Acercándose al* Teniente *y casi abrazándole.)* Guardia, defiéndame…

El teniente.   *(Retirándose adusto y confundido.)* Vamos, hombre, vamos, a ver si…

Ricard. *(Encarándose al* Sacerdote.*)* ¡Cag'un coin...., haga el favor, hombre...! ¿No ve que?...

Surroca. *(Quitándose los auriculares.)* No me dejarán, no, oír ni siquiera las olas del mar, en los últimos momentos de mi perra vida...

El sacerdote. *(Que se ha retirado a un rincón, arrodillándose.)* Aquí estaré de rodillas, hasta que vuestras almas sean del Señor... *(Al* Centinela caloyo.*)* Déjame tu bayoneta, hijo, deja que me ponga tu bayoneta bajo las rodillas para mortificarme...

El centinela. *(Despierto totalmente y con mirada de loco, forcejeando con el* Sacerdote *que quiere arrancar su bayoneta.)* Pae, pae..., que no pue zé..., que no... Mi tiniente, mire uzté que... ¡me afusilan!

El teniente. *(Yendo hacia el* Sacerdote.*)* Padre, la ordenanza prohibe al soldado entregar parte de su arma...

El sacerdote. *(Lloriqueando.)* Yo quiero sus almas, sus almas... *(Sigue de rodillas.)*

(Silencio tétrico. El Lluiset *queda de pie mirando tras la reja del ventanal. Los otros siguen en la misma postura.)*

Lluiset. ¡Quin fret, coin...!

Ricard. *(Con voz ronca.)* Hay aguardiente en esa botella...

Lluiset. No m'agrada l'aiguardent...

Ricard. Doncs portam a mí... *(El* Lluiset *alcanza la botella y se la lleva al* Ricard *que bebe con ansia.)*

Lluiset. ¿Tú me quieres tanto como ese que decía el gachó a su esclavo?

(El otro no contesta. Se filtra una chispa de luz de amanecer. Hay un escalofrío en toda la sala. Se oye el bisbiseo del Sacerdote. *Ruido de pasos. Estremecimiento general. El* Lluiset *se acerca a la puerta. El* Sacerdote *le coge por la muñeca.)*

191

LLUISET. *(Dando un gritito.)* ¡Ja hi som…!

EL SACERDOTE. Espera a Dios, espera a Dios, tú que naciste de buenos pañales…

LLUISET. *(Desasiéndose.)* ¡Quina, calandria, aquest home…! *(Mirando fijamente al* SACERDOTE.) Si existe Dios, lo veré muy prontito y se lo diré de tu parte, chato… *(Y le da un puñetazo cariñoso en la barriga.)*

EL SACERDOTE. *(Radiante.)* ¡Aleluia, aleluia, santo, santo, santo, santo…!

(Ruido de llaves. Las puertas se abren. Entra el CO-MANDANTE. Ruidos de pasos militares. El SACERDOTE, el TENIENTE se cuadran. Taconeos. Liturgia militar.)

EL COMANDANTE. Es la hora…

(Desfallecimiento general en que el ruido de los pasos militares en el pasillo y las voces en sordina de un SARGENTO ponen la piel tiritante. Luz morada en los ventanales enrejados. El RICARD se pone de pie mayestáticamente. El SURROCA se quita los alambres y los tira con desprecio sobre la mesa.)

EL TENIENTE. *(Acercándose al* COMANDANTE.)¿No hubo indulto?

EL COMANDANNTE. No lo hubo. Así que…

EL SACERDOTE. *(Juntando las manos y bisbiseando.)* ¡Santus, santus, santus, santus…!

EL COMANDANTE. *(Volviéndose a los tres.)* Señores: según la ordenanza, ¿tienen algún deseo que manifestar?

RICARD. *(Ronco.)* Viva el comunismo libertario… *(*SURROCA *escupe.)*

LLUISET. Yo…, yo…, que me dejen pintarme los labios…

(Todos se quedan consternados y bajan la vista ante tamaña blasfemia.)

EL SACERDOTE. *(Sus palabras quedan subrayadas después del exabrupto del* LLUISET.) Santus, santus, santus, santus…

(*En este momento alguien ha llamado al* SACERDOTE.
El SACERDOTE *sale y vuelve a entrar, cuando ya el* CO-
MANDANTE *iba a disponer la conducción, el* SACERDOTE
lleva aparte al COMANDANTE *y le dice algo al oído.
El* COMANDANTE *mueve la cabeza sorprendido y mira
su reloj de pulsera.*)

EL COMANDANTE.   Cinco minutos, cinco minutos nada
más...(*El* SACERDOTE *sale a grandes zancadas.*)
EL COMANDANTE.   Don Luis de Serracant...
LLUISET.   (*Con cierta chulería.*) Me llamo...
EL COMANDANTE.   Va recibir usted una visita de des-
pedida...
LLUISET.   ¿Yo?...
EL COMANDANTE.   Tiene usted cinco minutos... (*Al*
TENIENTE.) Llévese a los otros...

(*El* TENIENTE *va hacia* RICARD *y* SURROCA *y les indica
que salgan. En el momento en que salen entra* DOÑA
NURIA CAÑELLAS, *elegantísima, vestida de terciopelo
morado, con un sombrero de velito.* DOÑA NURIA, *sin
reparar en más detalles se lanza sobre su hijo.* LLUISET,
*luego de un acto dubitativo, se abraza a su madre...
Terminan de salir todos. Incluso el* SACERDOTE, *y sólo
queda un* CABO, *que se mantiene alejado en un rincón.*)

DOÑA NURIA.   ¡Fill...!, ¡fill meu...!, ¡fill meu...!
LLUISET.   Mare..., mare...
DOÑA NURIA.   ¿Por qué no me habías dicho que em-
barcabas para Méjico? Gracias que me he enterado por
sorpresa. Si no ¿cómo iba a venir a despedirte?
LLUISET.   (*Debilitado.*) Salimos para Méjico...
DOÑA NURIA.   Que sofocón de correr me di, hijo...
(*Mostrando un maletín que lleva en la mano.*) Y como
eres tan distraído. Te traigo algunas cosas: ese pijama de
seda, color naranja que tanto te gusta...
LLUISET.   ¡Qué ilusión...! Estás en todo, mamá...
DOÑA NURIA.   ¿Y cómo vas a salir así con el fresqui-
to que hace? ¿Y el relente del mar?

LLUISET. (*Siguiendo la broma.*) No hace frío...

DOÑA NURIA. En los barcos hace frío... Cuídate, cuídate, hijo...

LLUISET. No te preocupes. No te preocupes...

DOÑA NURIA. También hay aquí dentro colonia, perfume... y barra de labios...

LLUISET. Estás en todo, mamá...

DOÑA NURIA. Porque en el barco, hay que alternar... ¿Cuántos días dura la travesía?

LLUISET. Un mes...

DOÑA NURIA. Un mes, qué maravilla. Sí, hijo, vete a Méjico, vete lejos de este mundo podrido. Yo te seguiré. Yo me reuniré contigo lo antes posible. Y no te preocupes de escribir. Me basta con saber que estás ya en paz...

LLUISET. En paz, mamá, en paz...

DOÑA NURIA. De momento tú, tranquilo. Yo, en cuanto deje arreglado todo lo de la casa, ya sabes, las cuatro chucherías nuestras, te seguiré. Allí nos reuniremos y seremos otra vez felices...

LLUISET. Sí, sí, siempre ya...

DOÑA NURIA. Además, ya sé que vas con tu amigo Ricard, que es un muchacho excelente. Vas en buena compañía. Así que por mí no sufras, yo quedo tranquila... Que tengáis una buena travesía...

LLUISET. Gracias, gracias...

(*Ha aparecido el* COMANDANTE.)

EL COMANDANTE. Señora...

DOÑA NURIA. Oh, el señor comandante del barco... Le recomiendo a este pollo, espero que no haya naufragios, comandante...

EL COMANDANTE. (*Confundido.*) Señora...

DOÑA NURIA. (*Abrazando a su hijo.*) Dame un beso..., otro, otro... (*Besos patéticos. Entregándole el maletín.*) Toma... ¿Ya va a salir el barco? ¿Sonó la tercera sirena, comandante?

El comandante. Sí, señora… Están quitando la escala…

Doña Nuria. Doncs apa… Adiós, fill meu…, adiós… ¡Buen viaje, buen viaje…! (*El* Comandante *arrastra suavemente al* Lluiset. Doña Nuria *da unos pasos y queda junto a la puerta. Está a punto de desplomarse. Saca un pañuelito del bolsillo y lo agita.*)

Doña Nuria. Adeu, siau…, adeu, siau… (*Queda sola en la escena. Al fondo la silueta del* Centinela *que la mira con los ojos muy abiertos.* Doña Nuria *se vuelve hacia la ventana enrejada. Se seca las lágrimas y agita el pañuelo.*) Adeu, siau… (*Volviéndose al* Centinela.) Qué tonta, lloro, cuando sé que va a ser feliz en Méjico…, pero las madres somos así, ¿sabes?… (*El* Centinela *está como una estatua.*) Va a hacer una buena mañana de primavera. El mar está precioso. Una divinidad. Será una buena travesía… Yo me quedo solita, solita… Con aquella casa tan grande, tan grande… Yo solita. Pero me iré a Méjico también… En cuanto arregle los papeles. Mientras tanto (*encarándose con el* Centinela) voy a estar muy sola… Y mi casa es tan grande, fíjese, una casa tan antigua, tan noble… Pero ¿sabe lo que voy a hacer? Haré casa de huéspedes. Casa de dispeses que diem en catalá… De huéspedes y de huéspedas. Muchachas alegres que canten, que rían, que gocen de la vida. Sí, sí, sí. Una casa de huéspedas pondré, en mitad del Ensanche…(*Llorando.*) Porque no podré estar tan sola, tan sola, tan solita…, hasta que pueda marcharme al fin a Méjico, a reunirme con mi hijo…, ¡el meo fill…! (*Se oyen las descargas lejanas de los fosos. Y una sirena de un barco.* Doña Nuria *se tambalea. El* Centinela *se mueve un poco. Pero* doña Nuria *se yergue. Agita el pañuelo.*) Ya salen, ya salen…, ¡adeu, siau! …, ¡adeu, siau…!

T E L Ó N

Colección Letras Hispánicas